行ったつもりの バスク料理

文：黒澤麻子
絵：中村メグミ

監修：レストランランブロア

ブックマン社

HOLA! （こんにちは）
オラ
いえいえ、KAIXO!! （バスク語でこんにちは）
カイショー

サン・セバスチャンの人々が愛してやまないコンチャ湾。

スペインはバスク地方にハマって早10年近く、食べることと飲むことが大好きな、編集屋の黒澤麻子と申します。長く実用書、小説、PR誌などを編集してきましたが、いよいよ趣味と実益を兼ねたこの本を世に出すことができました。大好きなサン・セバスチャンの、美味しいピンチョスとバルに溢れた街の雰囲気をご紹介する本です。

　2020年、突然私たちを巻き込んだ新型コロナウイルスの世界的な蔓延により、いつでも行ける、いつか行こうと思っていた場所が、なかなか行けない場所になってしまいました。だからこそ、「行ったつもり」で、バスクの空気を感じ取っていただけたら幸いです。

　さあ、早速、空想旅行に出かけましょう。そして今夜は手軽にピンチョスを作って、ワインを傾けてみませんか？

サン・セバスチャンって どんな街？

サン・セバスチャンに毎夏のように通うようになって、もう10年近くになります。最初のきっかけは、現地に友人の営むレストランがあったこと、そして毎年滞在しているヨーロッパの別の街からのアクセスがよかったことです。チープなフライトでひとっ飛び。さらに、「食いしん坊で呑兵衛なら、この街を訪れないわけにはいかない！」とグルメな友人の間で語られていたこともあり、訪れるタイミングを虎視眈々と狙っていたというのもあります。コツコツ通っているうちに、いつの間にか現地にたくさんの友達ができ、彼らと一緒にもう食べて食べて飲みまくるのが、私の夏の過ごし方となりました！ 食は「バスク」にあり！！ ノーバスク、ノーライフ！！！

さて、その「バスク」ですが、スペインとフランス、ふたつの国をまたがる地方の名称です。ピレネー山脈の一番西側、およそ300万人が住む地域を指します。フランス側に３つの地域、スペイン側に３つの県と１つの州があり、同じ文化と言語を共有しています。この本でご紹介する街、「サン・セバスチャン」は、スペイン側にあるギプスコア県の県都です。
スペインバスクでは、標識には公用語であるバスク語とスペイン語が併記されています。たとえば、"San Sebastián (サン・セバスチャン)"はスペイン語ですが、バスク語だと "Donostia (ドノスティア)"。バスクの人々は、ヨーロッパでも古い歴史を持つバスク語を話し、日常的に使い、大切に守り抜くことで、自分たちのアイデンティティの基盤を確固なものとしているのです。

そしてもちろん、バスクを語る上で欠かせないのが、「食」へのこだわり。海と山の豊かな食材に恵まれたこの地域の人々は、地域の食材を愛し、活用し、楽しむための工夫を惜しみません。ミシュランの星を獲得しているレストランが非常に多い地域でもあります。スペイン内外から車を飛ばして、電車に乗って、飛行機を使ってまで、わざわざこの地域を訪れる人が後を絶たないのは、バスクの人々の食への強いこだわりがあるからでしょう。

なかでも「美食の街」と呼ばれるサン・セバスチャンは、家族、友人、旅人、すべてをあたたかく迎えてくれる食のワンダーランドです。「バスク人である」「バスクの文化を尊重している」ことが非常に重要とされている反面、決して閉鎖的ではなく、私たちが街を訪れると、大きく手を広げて歓迎してくれるおおらかな性格も持ち合わせています。それが、今のバル文化が花開いた所以かと、サン・セバスチャンを訪れるたびに納得します。

サン・セバスチャンの街歩きに欠かせないのが、バル巡りです。バルは英語だと「BAR(バー)」。スペインのどんな小さな街にも存在します。サン・セバスチャンのバルにはピンチョス(他の地域ではタパスと呼ぶことが多い)と呼ばれる串料理や小皿料理が並び、地元のお酒を楽しみながら何軒もまわるのがここの流儀。この本では、そんなピンチョスをイラストでご紹介しながら、この街と料理、両方の魅力をお伝えしたいと思います。小さな皿に表現されるピンチョスの世界は、ちょっと日本の居酒屋文化に似たところもあって、私たちには馴染み深いものもたくさん。イラストの一枚一枚からサン・セバスチャンのバルの雰囲気を感じ取っていただけたら嬉しいです。

さらに、昨今人気を博しているバスクチーズケーキ、通称バスチーですが、これが生まれたのも、サン・セバスチャンのとあるバルの厨房からでした。東京・用賀にあるバスクレストラン「ランブロア」では、現地で修業をした磯部シェフが、美味しいバスク料理のひとつとしてチーズケーキも焼いています。クリーミーで素晴らしい口あたりのバスチーは、お茶菓子というより、バルで楽しむお酒のおつまみという立ち位置。この本では、「ランブロア」のシェフが特別に作り方を公開してくれました。こうして、レシピを共有して切磋琢磨しようとする姿勢も、とてもサン・セバスチャンらしい。

近頃、なかなか簡単に「ちょっと行ってきます!」というわけにもいかない状況になりました。それでも、行きたい! 食べたい! 飲みたい! という気持ちは盛り上がるばかり。だったら、「行ったつもりで」お家バル料理を楽しみませんか? サン・セバスチャンのバル街に思いを馳せつつ、美味し可愛いイラストを眺めつつ、バスクの食の都へ、「行ったつもり」の旅に出かけましょう。

丁寧に下ごしらえされた「真鰯の酢漬け」。

この日は「カジョス（ハチノスと豚足の煮込み）」がありました！

バスクの絶品料理を満喫できる
「ランブロア」

これからサン・セバスチャンの街とピンチョスをイラストとレシピでお届けしていきますが、まずは東京・用賀にあるバスク料理専門のレストラン、「ランブロア」をご紹介したいと思います。日本にいながらにしてバスク本場の味を堪能できるこのレストランでは、バスク疑似体験ができること間違いなしです。ミシュランのビブグルマンにも認定されています。巻末では、ランブロアの磯部シェフが絶品「バスクチーズケーキ」の作り方を伝授してくれますので、お楽しみに！

スペインのお友達の歓迎会。

コレ、コレ、コレがバスチー！

ランブロアで
バスク料理を堪能しよう！

東京・用賀の住宅街
に佇む「ランブロア」

渋谷から田園都市線で15分、「用賀」駅から歩いて約5分。閑静な住宅街に突然現れる可愛らしいレストラン、そこが「ランブロア」です。スペインバスクのお料理と、スペイン全土から厳選したワインをいただける、食いしん坊＆酒呑み垂涎の一軒です。オープンは2016年8月。バスク料理に魅了されたオーナーシェフの磯部美木子さんと、世界各地のワインに精通するソムリエの北澤信子さんお二人が切り盛りするお店です。

現地での経験がものをいう、
バスク料理のエキスパート

オーナーシェフの磯部さんが最初に語学留学した街は、スペイン南部のマラガでした。「マラガのホームステイ先が、バルだったんです」という偶然がきっかけになって、アンダルシア料理に興味を持ちます。同時にスペイン語を習得。帰国後もスペイン料理熱が冷めやらず、信頼するスペイン料理の先輩にすすめられて、サン・セバスチャンにある料理学校「イリサル」にて、本格的にバスク料理を学び始めました。日本人は年間2人しか入学できない狭き門でした。学校のカリキュラムに従って、2年間のサン・セバスチャン生活の間に、3ヵ月ごとにいろいろなレストランで修業。そこでどっぷりとバスク料理の魅力にハマり、バスクらしい味の再現に夢中になったそうです。

帰国後、都内のスペインレストランで働いていたとき、今のパートナー、ソムリエの北澤さんと出会い、自分の店を持つビジョンをかためていきました。

超絶に鋭い舌を持つ
ソムリエエクセレンス

北澤さんがスペインに魅了されたきっかけはフラメンコ。その本場、アンダルシアに遊びに行くと、現地の人々の優しさや親切さに感動したそうです。その後、再びスペインに短期留学に出かけ、次第に「バル」を取り巻く人々の生活や、ワインや美味しいものにこだわりを持つ生活スタイルに惹き込まれていきました。「寿司屋さんのカウンターのように、指差して注文できた、その気軽さに惹かれました」。帰国してからもそのパッションは冷めることがなく、スペインに関わる仕事に転職、スペインワインの研究に没頭していきます。

さらに、スペインワインに限らず、ドイツワイン上級ケナー、ベネンシアドール（シェリー専門家）などの資格を次々と取得しつつ、多くのレストランで働きました。

磯部さんと店を持つと決まったとき、まずは、なにはともあれサン・セバスチャンを訪れたそうです。「バスクとはどういうものか、行ってみないと始まらないと思って。バスクの人とワインの関係を見たかったんです」

特別な場所になった
ランブロア

バスクらしい色につつまれた空間には、6席のゆったりとしたカウンターと、6人が座れるテーブル席だけ。二人の開いた店「ランブロア」はそれほど小さな空間です。「ランブロア」とは、バスクの空を頻繁に覆う「霧」のこと。

磯部さんがキビキビと立ち働く背中を見ながら、どんな料理ができあがってくるのかが楽しみになるのがランブロアのキッチンの構造。背中を向けているのに、なぜかいつもカウンターにいる私と目が合う……。常にこちらに気を配ってくれているのがわかります。その手から生み出される料理には、人柄が反映されたかのような温かさがあります。特筆すべきは、ソースに隠された仕込みの丁寧さと、絶妙な塩加減。たっぷりの野菜から抽出された旨味を感じるたび、「これは現地の味を超えるかも……！」と思

います。これって、ああ、ここに来てよかった！　と感じる瞬間ですよね。そしてそのソースを、おかわり自由にいただける切りたてのバゲットで、一滴も残さずこそげ取ってしまいたくなるのです。

また、北澤さんのお酒のすすめ方が上手い。商売上手という意味ではなく、プレッシャーなくいつの間にかお料理とぴったりのワインを選べる仕組みになっている、と言ったほうが的確かな。どれだけ飲みたいのか、どんな料理が好みなのか、一杯をゆっくりじっくり飲みたいのか、好奇心いっぱいにいろいろ試してみたいのか、などをゆっくりと聞き出してくれます。この空気が、店のおおらかな雰囲気を作っているといっても過言ではありません。こちらもついリラックスして、このチャコリ、あのワイン、ついでに強めの酒で締めちゃおうかな、と杯を重ねてしまう。そして、お料理だけでも、お酒だけでもたどり着けない場所へ毎回連れていってくれるのです。

この二人の、それぞれの仕事の素晴らしさと、それをつなぐ空気感とが相まって、「ランブロア」はなかなか予約の取れない店に成長しました。開店2年目にして、「ミシュランガイド2019」においてビブグルマンを獲得するまでに。
二人の女性が、二人の夢を形にした「ランブロア」は、いつの間にか、バスクに行ってもなかなか出会えないほどの味を提供してくれる、特別な存在になりました。毎夏サン・セバスチャンとその周辺に出かけるようになった私ですが、それ以外の時期、日本にいながら私の心と胃、そしてバスク愛を満たしてくれる、ありがたくてホッとする場所になったのです。

ランブロアのお二人
右：磯部美木子さん
左：北澤信子さん

══════「ランブロア」で頼むべき逸品══════

ヒルダ
（スターター）

すべてのピンチョはヒルダにはじまる！

本書でもご紹介している、サン・セバス
チャンのバルにおけるピンチョの超代表
格、ヒルダ (P30)。「ランブロア」でもお
通しでいただきます。グリーンオリーブ
とアンチョビ、ギンディージャという唐
辛子の酢漬けだけで構成されている、非
常にシンプルなピンチョですが、パクッ
と全部を一口でいただくと、塩気と酸味
と風味のバランスがも〜う絶妙。いつも、
「あと1個食べたい」となってしまいま
すが、次のお料理のためにガマンガマン。

ポルチーニの
スクランブルエッグ

これ、本当はどんぶりで食べたい！

キノコというとサン・セバスチャンの
バル「GANBARA」のキノコソテー (P82)
を思い出しますが、「ランブロア」のキ
ノコ料理は、贅沢にも大きめに切ったポ
ルチーニ茸を、トロットロのスクランブ
ルエッグで包んだもの。トュルントュル
ンの卵のなかに、コリコリとも、シャク
シャクとも形容し難いポルチーニ独特の
食感がゴロゴロと！　こんなにいっぱい
入っちゃってていいのかしらと嬉しい罪
悪感を感じたりして。

「ランブロア」で頼むべき逸品

ピキージョピーマンの
バカラオ詰め
サルサビスカイーナ

本書でもご紹介している、バスクを代表する料理です (P85)。真っ赤で三角のピキージョピーマンに、たっぷりのバカラオをほぐし入れたベシャメルを詰め、野菜のソースでグツグツアツアツになるまでオーブンへ。このお料理は、私が「ランブロア」で100％注文する絶対王者です。ひとつ食べ終わると、「ああ、終わっちゃった……」と寂しくなって、名残惜しくソースをバゲットで拭きまくってしまう名品です。

これぞ、ランブロアのスペシャリテ！

トロサ村の伝統料理
牛タンの煮込み

トロサは、スペインバスクのギプスコア県にある小さな村。ここの名物料理を「ランブロア」風にアレンジしたのがこちら。ふわふわとした口当たりになるまで下処理した厚切りの牛タンを、軽く揚げてからソースに絡めた一品です。なめらかな衣がソースを含んで、牛タンの旨味とともに口のなかで蕩けます。見た目はシンプルなのに、このソースのなかにどれだけの野菜のエキスが詰まっているのか見当もつかない……。あまりの美味しさに、赤ワインがすすむすすむ。

ストンとナイフが入る柔らかさ！

イカの墨煮
conアロス

con アロス→ with 米！サイコー‼

胴の細い、身の柔らかなヤリイカを、イカスミでさっと煮込んだいかにもバスクらしいお料理です。バスクでは「チピロン」というヤリイカの仲間を使います (P77)。この真っ黒なソースのなかにも、実はたくさんの野菜のエキスが溶け込んでいて、その旨味にクラっとしそう。一緒に供されるご飯は鯛の出汁で炊き込んであり、海の喜びの二重奏と相成ります。もうお腹いっぱいなのに、なぜか、ああ、ペロリと食べられてしまう魅惑の一皿。

アサリの
炊き込みご飯

アサリで ぎっちりギュウギュウ！

本書でもご紹介しているアサリの炊き込みご飯 (P80) は、アサリが名産のカンタブリア海に面したサン・セバスチャンの定番料理。「ランブロア」の一皿は、ご飯が見えないほどのアサリの量！ 旨味がお米のひと粒ひと粒にじっくりと染み渡っています。バスク料理を食べているのになぜか、ああ日本人でよかったとため息をついてしまう、どこか懐かしい味わい。イカの墨煮にするかこれにするか、毎回「締め」で悩んでしまいます。

目次 | Contents

はじめに
　サン・セバスチャンってどんな街？…4

バスクの絶品料理を満喫できる
　「ランブロア」…6

サン・セバスチャンと旧市街マップ…18
バルの楽しみ方…20
バルで使えるスペイン語…22
バルの代表的なお酒…23
サン・セバスチャンの代表的な食材と
　調理法…24
バルでよく出会うソース…26
●コラム「友達とバル・ホッピング」

串に刺さったピンチョス…29

ヒルダ
Gilda…30
タコとイカのブロチェタ
Brocheta de pulpo y calamar…32
キノコとメカジキのブロチェタ
Brocheta de champiñones y pez espada
　…33
エビとベーコンのブロチェッタ
Brocheta de camarones y tocino…34
ラペ（アンコウ）のブロチェッタ
Brocheta de rape a la plancha…35
モルノ
Pintxo moruno…36
エビの鉄板焼き
Brocheta de gambas…38
腎臓の素揚げ
Brocheta de riñón fritos…40

ジャガイモとツナと卵
Pintxo de patatas, atún y huevos…41
卵とアンチョビ
Pintxo de huevos y anchoas…42
●コラム「バスクのオスの文化？
　美食倶楽部」

バゲットにのったピンチョス…45

アンチョビとパプリカグリル
Pintxo de pimiento y anchoas…46
レバーパテとバルサミコ
Paté de hígado con mermelada…47
鴨のソテー
Pintxo de pato…48
カニグラタン
Pintxo de changurro gratinado…49
サーモンパテ
Pintxo de paté de salmón…50
ハモンとオリーブオイル
Pintxo de jamón y aceite de oliva…52
イワシとピスト
Pintxo de pisto con boquerones en
　vinagre…53
マグロのタルタル
Pintxo tartar de atún…54
エビの天ぷら
Tempura de camarones…55
ピキージョピーマン　マヨネーズソース
Pintxo de pimientos del piquillo con
　mayonesa…56
卵とカニカマ
Pintxo de huevos y txaka…58
スモークサーモン
Pintxo de salmón ahumado…59
フォアグラ
Pintxo de foie gras…60

●コラム「コンチャ湾を散歩して、
　絶景の山に登る」

冷たいピンチョス…63

カタクチイワシの酢漬け
Boquerones en vinagre…64
タコのマリネ
Pulpo a la vinagreta…66
魚介のカクテルサラダ
Ensalada de cóctel de mariscos…67
●コラム「みんな大好き ジン・トニック」

温かいピンチョス…69

ヤリイカのソテータマネギソース
Chipirones a la plancha…70
ししとうの素揚げ
Pimiento de padrón fritos…71
トルティージャ
Tortilla…72
バカラオのクロケッタ
Croqueta de bacalao…74
仔牛の頬肉のワイン煮込み
Carrillera de ternera guisada…76
イカの墨煮
Chipirones en su tinta…77
チョリソのシドラ煮
Chorizo a la sidra…78
アルボンディガス
Albóndigas…79
アサリの炊き込みご飯
Arros con almejas…80
キノコのプランチャ
Setas a la plancha…82
チーズのリゾーニ
Risoni de queso…84
ピキージョピーマンバカラオ詰め
Pimientos del piquillo relleno…85

バカラオのコンフィ
Bacalao confitado…86
チャングーロのグラタン
Txangurro gratinado…87
バカラオの春巻き
Rollitos de bacalao…88
タコのプランチャ
Pulpo a la plancha…89
イベリコ豚のグリル
Cerdo ibérico a la plancha…90
チュレトン（骨つき牛ロース肉のステーキ）
Chuletón de vaca…91
ココチャのピルピル
Kokotxas al Pil-Pil…92
ナミダ豆のグリル
Guisantes de lagrima…94
ホワイトアスパラガス
Espárragos blancos…95
●コラム「バスクとジャパニーズ、
　食の融合！」

バスクのスイーツ…97

パステル・バスコ
Pastel vasco…98
パンチネータ
Pantxineta…99
トリッハ
Trrija…100
バスクチーズケーキ
Tarta de queso…101
バスクチーズケーキの作り方…102
●コラム「サン・セバスチャンから
　近郊の街へ小旅行」…104

おわりに…111

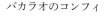

ここのフォアグラ、食べてみるしかない！

空に映える
サン・セバスチャン大聖堂。

サン・セバスチャンの旧市街を歩くと、人が多く集まる通りだけでなく、小さな曲がり角、細い道、海の見える通り、教会の近くの広場……いろいろなところにバルがあるのに気づきます。朝早くからやっている店、観光客でごった返しているところ、地元民だけがじっくりと飲んでいる雰囲気のバルなど、その表情は三者三様。そしてバルからバルへと移動するときには、海岸でリラックスする人たち、駆け回る子どもたち、談笑するおじいちゃんたち、歓声をあげる女子会の面々など、ふと、のんびりした街の顔が見えたりするのが、私がサン・セバスチャンに心惹かれる理由のひとつでもあるのです。

激しく同意！

絶品の生牡蠣「Gillardeau（ジラルドー）」。

今夜、私に食べられる予定です。

サン・セバスチャン旧市街MAP

A 憲法広場
Constituzio Plaza

B サン・テルモ博物館
Museo San Telmo

C サンタ・マリア教会
Iglesia de Santa María

D 市庁舎
Ayuntamiento

E ギプスコア広場
Gipuzkoa Plaza

F ブレチャ市場
Mercado de la Bretxa

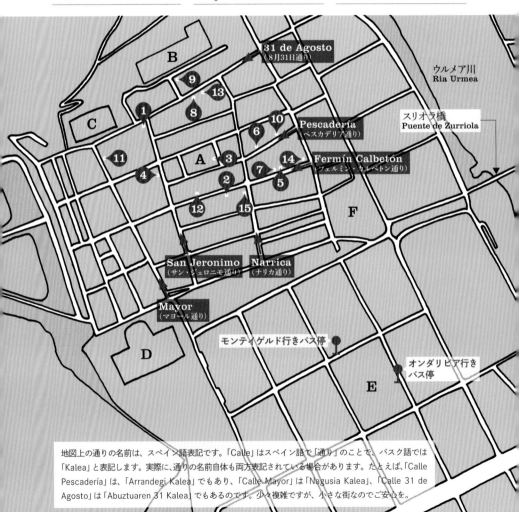

31 de Agosto
（8月31日通り）

ウルメア川
Ria Urmea

スリオラ橋
Puente de Zurriola

Pescadería
（ペスカデリア通り）

Fermín Calbetón
（フェルミン・カルベトン通り）

San Jeronimo
（サン・ジェロニモ通り）

Narrica
（ナリカ通り）

Mayor
（マヨール通り）

モンティゲルド行きバス停

オンダリビア行き
バス停

地図上の通りの名前は、スペイン語表記です。「Calle」はスペイン語で「通り」のことで、バスク語では「Kalea」と表記します。実際に、通りの名前自体も両方表記されている場合があります。たとえば、「Calle Pescadería」は、「Arrandegi Kalea」でもあり、「Calle Mayor」は「Nagusia Kalea」、「Calle 31 de Agosto」は「Abuztuaren 31 Kalea」でもあるのです。少々複雑ですが、小さな街なのでご安心を。

18

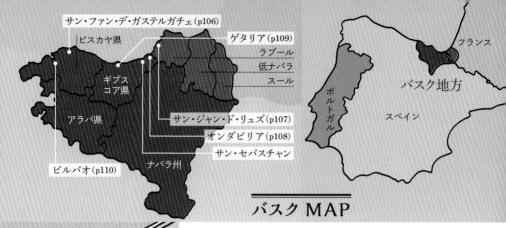

バスク **MAP**

おすすめバル

❶ CASA GANDARIAS
Calle 31 de Agosto 23, Donostia - San Sebastián

❷ ZUMELTZEGI
Calle Fermín Calbetón 15, Donostia - San Sebastián

❸ TAMBORIL
Calle Pescadería 2, Donostia - San Sebastián

❹ GANBARA
Calle San Jeronimo 21, Donostia - San Sebastián

❺ SPORT
Calle Fermín Calbetón 10, Donostia - San Sebastián

❻ TXEPETXA
Calle Pescadería 5, Donostia - San Sebastián

❼ BORDA BERRI
Calle Fermín Calbetón 12, Donostia - San Sebastián

❽ LA CEPA
Calle 31 de Agosto 7, Donostia - San Sebastián

❾ LA CUCHARA DE SAN TELMO
Calle 31 de Agosto 28, Donostia - San Sebastián

❿ NESTOR
Calle Pescadería 11, Donostia - San Sebastián

⓫ SHIRIIRI
Calle Mayor 18, Donostia - San Sebastián

⓬ CASA UROLA
Calle Fermín Calbetón 20, Donostia - San Sebastián

⓭ LA VIÑA
Calle 31 de Agosto 3, Donostia - San Sebastián

⓮ GOIZ ARGI
Calle Fermín Calbetón 4, Donostia - San Sebastián

⓯ OTAEGUI （伝統菓子の店）
Calle Narrika 15, Donostia - San Sebastián

✿ バルの 楽しみ方

まずは突撃！入ってみよう

サン・セバスチャンに到着したら、ホテルに荷物を置いてすぐに旧市街へ繰り出しましょう！　サン・セバスチャンはスペイン屈指の治安のいい街。女性がバルで1人飲みしても大丈夫。お腹をすかせて、さあ、バルを楽しみましょう。

1 お店の選定

事前にチェックしておいたバルにまずは最初に入ってみましょう。特に多くのバルが集まる「Fermín Calbetón（フェルミン カルベトン）」通りと、「31 de Agosto（トリエンタ ウノ デ アゴスト「8月31日」の意味）」通りのどちらかに行ってみて、人気のありそうな店に入ってみるのも一案です。入口が混んでいても臆してはダメ、奥のほうに意外とスペースがあることも。とりあえず突入です。

2 カウンターのどこかに場所をゲット

人をかき分け、カウンターまでたどり着きましょう。カマレロ（店員）の目線をゲットできそうな場所を選べば最適。目が合ったら「Hola!（オラ）」と気軽に声をかけてみましょう。ほぼ必ず「Hola!」と返してくれます。
ここで、バスク語で「Kaixo!（カイショー「こんにちは」の意味）」と挨拶できたら上級者！

3 飲み物を注文

どのピンチョスにするか悩む前に、まずは飲み物を。「Un zurito por favor（ウン スリート ポル ファボール）」と、小さめの生ビールからスタートするもよし、やはり地元のワイン、チャコリから始めるのもよし。

4 ピンチョスを選ぼう

カウンターにずらりと並んだピンチョスのなかから、好きなものを選びましょう。お皿を渡してくれて、自分でピンチョスを取るバルや、指を差すとお皿にのせてくれるバルもあります。温めなおしてくれるところもあります。

5 黒板のピンチョスをオーダーしてみよう

黒板に「Pintxos Callientes (ピンチョス カリエンテス)」とあるのは、温かいピンチョスのことで、注文してから作ってもらうもの。その店のスペシャリテを覚えておくかメモしておくと、指差しながら注文可能。お隣の人の美味しそうな皿を指差して、「Esto por favor (エスト ポル ファボール「これください」の意味)」でもOKです。お隣さんにはニコッとアイコンタクトを。仲良くなれるチャンスにもなりますよ。

6 会計

手をあげてカマレロを呼んで、「La cuenta por favor (ラ クエンタ ポル ファボール)」とお願いしましょう。これとこれを食べて、ワインは2杯、というように、身振り手振りで注文の内容を説明しなくてはならないこともありますが、それも面白い体験。チップの必要はありません。素敵な対応をしてもらったら、ちょっと小銭をおくのはスマート。

7 バスク語でさようなら

なるべく小額紙幣で支払って、お釣りをもらったら「Agur (アグル)」と、バスク語でさようならを。スペイン語で「Adiós (アディオス)」と言うよりも、サン・セバスチャンに来た雰囲気を味わえますし、カマレロも「Agur!」と微笑んでくれること間違いなしです。

🌀 バルで使えるスペイン語

Hola「オラ」/ Buenas tardes「ブエナス タルデス」　　　こんにちは

　🌀バスク語では、Kaixo「カイショー」

Gracias「グラシアス」　　　　　　　　　　　　　　ありがとう

　🌀バスク語では、Eskerrik asko「エスカリカスコ」

Adiós「アディオス」　　　　　　　　　　　　　　さようなら

　🌀バスク語ではAgur「アグル」

Bueno / Buena「ブエノ / ブエナ」　　　　　　　　美味しい

Perdona「ペルドーナ」　　　　　　　　　　　　　すみません

〜 por favor「〜ポル ファボール」　　　　　　　　〜をください

　　　　　　　　　　　　　　　　　　　　　　お願いします

Esto por favor「エスト ポル ファボール」(指差しながら) これください

Un tinto (blanco) por favor「ウン ティント (ブランコ) ポル ファボール」

　　　　　　　　　　　　　　　　　赤(白)ワインをください

Lo mismo por favor「ロ ミスモ ポル ファボール」　同じものをください

¿Dónde está el baño?「ドンデ エスタ エル バニョ?」　トイレはどこですか?

¿Quánto es?「クアント エス?」　　　　　　　　　いくらですか?

La cuenta por favor「ラ クエンタ ポル ファボール」　お会計お願いします

✿ バルの代表的なお酒

Vino tinto「ビノ ティント」	赤ワイン
Vino blanco「ビノ ブランコ」	白ワイン
Vino de la casa「ビノ デラ カサ」	ハイスワイン
Txakoli「チャコリ」＊	バスク特有のワイン
Sidra「シドラ」＊＊	りんご酒
Cerveza「セルベッサ」	ビール
Caña「カニャ」	生ビール
Zurito「スリート」	生ビールのハーフサイズ
Agua「アグア」	水
Agua con gas「アグア コン ガス」	炭酸水
Zumo de naranja「スモ デ ナランハ」	オレンジジュース

＊チャコリは、バスクを代表するワイン（地酒）。バスク固有の地元品種「オンダラビ・スリ」を使った白がメインですが、赤やロゼもあります。通常のワインよりアルコール度数が低めで、酸味の効いた軽い口当たりが特徴です。ボトルを高く上げて、高いところからボデガ（筒状のチャコリ専用のグラス）に注ぎ込むことで、チャコリの硬さを空気と混ぜてまろやかにほぐします。

＊＊シドラはリンゴのお酒で、英語でいうとシードル。バスクでは、完熟したリンゴを収穫して作るのが伝統の手法です。爽やかな発泡と、酸味の効いたドライな飲み口は、お肉のピンチョスとの相性が抜群です。シドラも高いところから注いで、空気を含ませて柔らかくします。サン・セバスチャンの郊外に足を伸ばすと、シドレリアと呼ばれる醸造所で、樽から出たばかりのシドラを堪能することができます。

サン・セバスチャンの

✿CARNE 肉

Cerdo「セルド」　　　　　豚肉

Chorizo / Txorizo「チョリソ」

　　　　　　　豚肉の腸詰

Chuleta「チュレータ」

（大きいものはChuletón「チュレトン」）

　　　　　　牛骨つきロース肉

Cochinillo「コチニージョ」　仔豚肉

Cordero「コルデロ」　　　仔羊肉

Foie「フォア」　　　フォアグラ

Morcilla「モルシージャ」

　　　　豚の血の入ったソーセージ

Pato「パト」　　　　　　　鴨肉

Pollo「ポジョ」　　　　　　鶏肉

Solomillo「ソロミージョ」牛ヒレ肉

Txistorra「チストラ」

　　　　パプリカ入りの細いソーセージ

✿PESCADO y MARISCO 魚介類

Anchoa / Anxoa「アンチョア」

　　　　カタクチイワシ / アンチョビ

Atún「アトゥン」　　メバチマグロ

Bacalao「バカラオ」

　　　　　タラ / 乾燥塩ダラ

Bonito「ボニート」ビンチョウマグロ

Boquerones「ボケローネス」イワシ

Calamares「カラマレス」　　イカ

Changurro / Txangurro「チャングーロ」

　　　　　　　　　　カニ

Chopito「チョピート」　ホタルイカ

Gambas「ガンバス」　　芝エビ

Langostino「ランゴスティーノ」

　　　　　　　　手長海老

Mejillones「メヒリョーネス」

　　　　　　　　ムール貝

代表的な食材と調理法

Ostra「オストラ」 牡蠣

Pulpo「プルポ」 タコ

Salmón「サルモン」 サケ

✿VERDURAS 野菜

Ajo「アホ」 ニンニク

Alcachofa「アルカチョファ」

アーティチョーク

Champiñón「チャンピニョン」

マッシュルーム

Espárrago「エスパラゴ」

アスパラガス

Hongos「オンゴス」/ Seta「セタ」

キノコ

Patata「パタータ」 ジャガイモ

Pimiento「ピミエント」 ピーマン

Tomate「トマテ」 トマト

✿その他

Huevo「ウエボ」 卵

Queso「ケソ」 チーズ

✿調理方法

A la parilla「ア・ラ・パリージャ」

網焼き

A la plancha「ア・ラ・プランチャ」

鉄板焼き

Ajillo「アヒージョ」

ニンニクオイル煮

Al horno「アル・オルノ」

オーブン焼き

Asado「アサード」 焼いた

Cocido「コシード」 煮た

Frito「フリット」 揚げた

Gratinado「グラティナード」

グラタン状にした

✿ バルでよく出会うソース

ベシャメルソース

●材料 (作りやすい量)
冷たい牛乳…1カップ
薄力粉…大さじ1
バター…大さじ1
塩コショウ…適量
●作り方
❶小鍋に冷たい牛乳、薄力粉、バターを入れ、中火にかける。
❷常に混ぜながら煮詰め、とろみがついたら塩コショウで調味する。(ラップをして冷蔵庫で冷やすと固くなるのでグラタンにしやすい)

トマトソース

●材料 (作りやすい量)
トマト水煮缶…400g (1缶)
オリーブオイル…大さじ2
白ワイン…½カップ
塩…小さじ1
パプリカパウダー (スモーク)
　…小さじ1
砂糖…少々
●作り方
フライパンにオリーブオイルを熱し、トマト水煮缶、白ワイン、塩、パプリカパウダー、砂糖を入れて煮詰める。なめらかにしたい場合はこす。

レッドレリッシュ

●材料 (作りやすい量)
タマネギ、ピーマン、赤ピーマンなど (みじん切り) …合わせて50g
はちみつ…大さじ1
オリーブオイル…大さじ1
赤ワインビネガー…大さじ1
塩…小さじ½
●作り方
材料をすべて混ぜる。

グリーンレリッシュ

●材料 (作りやすい量)
タマネギ、ピーマン、セロリなど (みじん切り) …合わせて50g
はちみつ…大さじ1
オリーブオイル…大さじ1
白ワインビネガー…大さじ1
塩…小さじ½
●作り方
材料をすべて混ぜる。

ヴィナグレッタソース

●材料 (作りやすい量)
タマネギ、ピーマン、にんじんなど
(すりおろし)…合わせて50g
赤唐辛子 (みじん切り)…お好みで
白ワインビネガー…大さじ3
オリーブオイル…大さじ2
塩コショウ…少々
●作り方
材料をすべて混ぜる。

チミチュリソース

●材料 (作りやすい量)
パセリ (みじん切り)…大さじ2
タマネギ (みじん切り)…大さじ1
ニンニク (みじん切り)…大さじ1
オリーブオイル…大さじ1
白ワインビネガー…大さじ1
塩…適量
●作り方
材料をすべて混ぜる。

カスタードクリーム

●材料 (作りやすい量)
牛乳…250cc
卵黄…3個
グラニュー糖…40g
薄力粉…20g
レモン汁・ラム酒…お好みで各少々
●作り方
❶鍋に牛乳を入れて沸騰直前まで温める。
❷ボウルに卵黄をほぐし、グラニュー糖を加えて全体が白っぽくなるまですり混ぜる。
❸②に薄力粉を加えてゴムベラで混ぜ合わせる。
❹温めた牛乳を少しずつ加えて混ぜ、茶こしでこしながら鍋に戻す。
❺常にヘラで混ぜながら中火で加熱し、とろみがついて鍋の底に筋ができるくらいになったら火を止め、お好みでレモン汁とラム酒を加えて手早く混ぜ合わせてできあがり。
※冷ますときにはバットに薄く伸ばして、ラップを表面にぴったりつけて冷蔵庫へ。

友達とバル・ホッピング

バスクを
楽しくする
Tips.1

　サン・セバスチャンを最初に訪れたとき、これにはびっくりしました。たとえばランチのレストランを現地の友人たちと14時に予約してあるのに、待ち合わせが11時。こんなに早く集まって何をするのかと思ったら、まずはバル。そこで一杯、ちょっとつまんで、はい、次のバル。それを3時間繰り返したのです。お腹とアルコールの配分を間違えると、予約のレストランで何も食べられなくなってしまう。途中でそのトラップに気づいた私は、魅惑的な色とりどりのピンチョスを目で楽しむだけにして、アルコールもいつもよりチビチビやり、ランチのヒラメの炭火焼や大きなチュレトン（牛の骨つきローステーキ）にありついたのでした。このとき以来、今日はバル巡りなのか、その後にレストランがあるのかを、案内してくれる友人に事前に確認してから出かけるようにしています。ご馳走を前に食べられなくなっちゃうなんて、耐えられない！

　この街では、どこへ行くのにも、まずはバルで待ち合わせ。お金を適当にみんなで出し、会計係に預けます。それでそれぞれの好みのお酒をまとめ買い。お金が足りなくなるとまたちょっとずつ足して……。こんなシステムを、「TXIKITEO（チキテオ）」または「POTEO（ポテオ）」と呼ぶそうです。つまり、はしご酒ですな。

もう5軒め…。

武者震い…！

串に刺さったピンチョス

「ピンチョス」とは、もともと「刺す」という言葉が元になっているとか。
今では、小さいお皿に入ったおつまみ全般をピンチョスと呼びますが、
串に刺さって食べやすくしたものが
ピンチョスの基本の形なのかもしれません。
日本の焼き鳥とか、串揚げに似たような感覚で食べられるので、
私たちには馴染み深い食べ方です。

ヒルダ

Gilda
●ヒルダ

ヒルダは、サン・セバスチャンのバルで置いていないところを探すほうが大変かもしれないほど、超代表的なピンチョス。その構成は、いたってシンプル。グリーンオリーブと青唐辛子の酢漬け "ギンディージャ"、アンチョビの3要素だけです。ピンチョスの原型とも言われていて、老舗のバル「CASA VALLES」が発祥の店とされています。それぞれの量、串に刺す順番などは、バルによってさまざま。ぜひ、串を持って、全部を一口でパクッと食べてみて。サン・セバスチャンの人々が大好きな新酒 "チャコリ"や、冷えた軽めの白ワインで流し込みましょう。お酒との相性のよさと、爽やかな酸味と塩気のバランスに感動するはずです。辛さはそれほど、いいえ、ほとんどないのでご安心を。

　そうそう、サン・セバスチャンの人々は、ディナーの前にバル巡りをして、これからディナーだぞ、という意気込みを抑えつつ、予行演習をして体を慣らすのが大好き。そんなときにも、軽めのピンチョ、ヒルダは最適です。

　自分で作ってみるならば、ギンディージャはスペイン産の瓶詰めのものを、グリーンオリーブはお好みで、そして、アンチョビは、できればサン・セバスチャンの近郊の海、カンタブリア海産の身がしっかりしたものを使うと、味わいが格別です。

材料（2本分）
ギンディージャ（青唐辛子の酢漬け）…6～8本
グリーンオリーブ…2個
アンチョビ…2枚

> ピンチョは単数形、ピンチョスは複数形。バルでの使い分けは……あまり気にせず、気楽に。

作り方
材料を好みの順番で串に指す、
それだけ！

おすすめワイン

ホアキン・レボデジョ・ゴデージョ 2019（白ワイン）
Joaquin Rebodello Godello

ワイナリー名：ボデガス・ホアキン・レボデジョ
ブドウ品種：ゴデージョ100%
原産地呼称：D.O.バルデオラス
希望小売価格2,200円（税別）

←酸味とミネラルで覆われたすっきり爽やかな味わいは、ギンティージャやアンチョビと上手に絡み合うこと間違いなし。まさにヒルダにピッタリな白ワインです。

タコとイカのブロチェッタ

Brocheta de pulpo y calamar
●ブロチェタ・デ・プルポ・イ・カラマール

　タコもイカも、スペイン人は大好きです。特に海沿いの
街、サン・セバスチャンの人たちは大の魚介好き。タコの
足も頭も串に刺してグリルにすることが多いようです。

　ブロチェタというのは、串に刺してグリルした料理の
こと。温かいお皿のメニューにブロチェッタとあったら、
そのバルでは焼きたての串を出してくれる可能性大です。

材料（2本分）

タコ（市販のゆでダコでOK）、イカ…一口大を6切れずつ
塩コショウ…適量
レッドレリッシュ（P26参照）…適量

作り方

1 下ごしらえしたイカとタコを一口大に切り、塩コショウ
してから串に刺し、グリルで焼く。
2 レッドレリッシュをたっぷりとかけて仕上げる。

キノコとメカジキのブロチェッタ

Brocheta de champiñones y pez espada
●ブロチェタ・デ・チャンピニョネス・イ・ベス エスパーダ

　マッシュルームとお魚やお肉を合わせて串にするのが定
番ですが、マッシュルームだけをたっぷりと積み重ねて、
これでピンチョのサイズ？　と思うほどボリュームのある
ものもあります（バル「GANDARIAS」）。この地域ではキ
ノコ調理の火加減が絶妙なので、頬張るとなかからジュー
スがジュワッと溢れます。お肉やお魚とキノコをパクッと
一度に味わうのがサン・セバスチャン風！

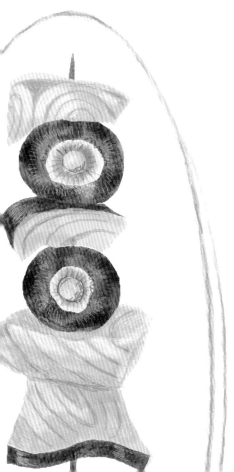

材料（2本分）
マッシュルーム…4個
メカジキ…一口大を6切れ
ニンニク（みじん切り）…少々
オリーブオイル…適量
塩コショウ…適量

作り方
1 マッシュルームは石づきを切り、汚れを
拭いておく。
2 一口大に切ったメカジキと、1のマッシ
ュルームをオリーブオイルとニンニク、塩
コショウを入れたボウルで和えてしばらく
おく。
3 メカジキとマッシュルームを串に刺して
グリルで焼く。

エビとベーコンのブロチェッタ

Brocheta de camarones y tocino
●ブロチェタ・デ・カマロネス・イ・トシノ

　エビはバルセロナのあるカタルーニャ地方の名産品。ですが、魚介好きのサン・セバスチャンっ子もエビが大好きです。シンプルに串に刺して焼くのが一般的ですが、こうしてベーコンやイベリコ豚のお肉と一緒に焼くのも人気。淡白なエビに心地よい塩気や違う食感が加わって、ビールや白ワインが止まらなくなるおつまみです。

材料（2本分）
エビ…6尾
ベーコン…一口大を4切れ
レッドレリッシュ（P26参照）…大さじ2
はちみつ…適宜

作り方
1 殻をむいて下ごしらえをしたエビと、ベーコンを交互に串に刺してグリルで焼く。

ベーコンを薄切りにするか、厚切りにするか悩むところ。どっちも美味しいから！

2 はちみつ少々をさらに加えて甘めに仕上げたレッドレリッシュをかけて。

ラペ(アンコウ)のブロチェッタ

Brocheta de rape a la plancha
●ブロチェタ・デ・ラペ・ア・ラ・プランチャ

　アンコウというと、日本ではぶつ切りにしてお鍋にすることが多い高級食材ですが、ヨーロッパの魚屋さんでは、フィレにしてよく売られているごく大衆的な魚。焼くとプルプルと弾力があって、その歯ごたえがたまりません。バル「ZUMELTZEGI」の定番料理です。

材料(2本分)
アンコウ…一口大を6切れ
塩コショウ…適量
オリーブオイル…大さじ3
黒コショウ…適宜

作り方
1 アンコウは、ペーパータオルなどで水気を取ってから、塩コショウをしておく。
2 フライパンにオリーブオイルを熱し、串に刺したアンコウを入れる。
3 フライパンを斜めに傾けて、スプーンでオイルをかけながら、プリプリになるまで焼く。黒コショウをかけて仕上げる。

 バル「ZUMELTZEGI」は、アンコウとエビを組み合わせるような魚介の串で評判。ふわふわ、プリプリの仕上がりです。

モルノ

Pintxo moruno
● ピンチョ・モルーノ

　このピンチョスの名前になっている"モルノ"とは、モロッコ風という意味。その名の通り、北アフリカから海を渡ってスペインの南のほうへと伝わってきたお料理です。ニンニク、パプリカパウダー、ターメリックやガラムマサラなどで羊肉をマリネして、串に刺して焼きます。仕上げにたっぷりのクミンシードを絡ませるのがポイント。

　モルノの魅力は、なんと言ってもその香りと肉々しさ。エキゾチックなスパイスが香ばしく立ち、羊肉特有の鼻を抜ける香味と相まって、思わずウームと唸ってしまいそう。弾力のある羊肉を噛みしめるたびに、溢れる肉汁の旨味にノックアウトされること間違いなしです。もちろん、お肉の旨味をフォローするしっかりめの赤ワインや、香りをスッキリと流し込んでくれる喉越しのよいビールとの相性は抜群です。

材料 (2 人分)

ラムの肩ロース肉…250g ←─ 豚肩ロース肉でもできる！

A │ 塩コショウ…少々
　│ ニンニク（みじん切り）…1片
　│ パプリカパウダー・ターメリックパウダー…各小さじ½
　│ ガラムマサラ・チリパウダー…各小さじ1
　│ オリーブオイル…大さじ1

クミンシード…お好みで

作り方

1 一口大に切ったラムの肩ロース肉（または豚肩ロース肉）を、
Aで和えて2時間以上冷蔵庫で寝かせる。

 丸一日くらいおいてしっかり
味が染みたのも美味しい！

2 串に刺して焦げないように返しながらグリルで焼く。仕上
げにたっぷりクミンシードを絡ませて。

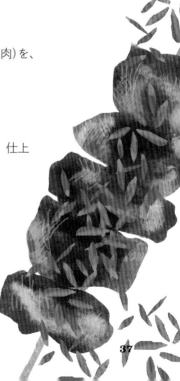

おすすめワイン

コンデ・デ・シルエラ・クリアンサ 2015 (赤ワイン)
Conde de Siruela Crianza

ワイナリー名：ボデガス・サンタ・エウラリア
ブドウ品種：テンプラリーニョ100％
原産地呼称：D.O.リベラ・デル・ドゥエロ
希望小売価格2,800円(税別)

←濃厚なルビー色。完熟したブラックベリーのような
凝縮した果実味に、きめ細やかな酸味とこなれたタン
ニンが、スパイシーなモルノと相性抜群です。

エビの鉄板焼き

Brocheta de gambas
● プロチェタ・デ・ガンバス

　サン・セバスチャンには、たくさんの有名なバルがありますが、バル「GOIZ ARGI」もそのひとつ。いかにも伝統的な小さなバルです。そこの名物ピンチョスが、串に刺して鉄板焼きにしたエビです。甘さと酸味の具合が絶妙な、"ヴィナグレッタソース"がかかっています。エビの身はそれはそれはプリップリ。口のなかで弾けて、噛んでいるうちにソースとまじり合う幸せ……ああもう！

　ヴィナグレッタソースは、日本でも手に入る食材で簡単に作れるので、エビの新しい料理に挑戦したかったら、ぜひ。バーベキューのときに披露すれば、「おっ、これ、何？」と興味を持たれること請け合いです。

材料 (2串分)

エビ (大きめの芝エビ、ブラックタイガーなど) …8尾
塩コショウ…適量
オリーブオイル…適量
ヴィナグレッタソース (P27参照) …大さじ4
はちみつ…小さじ1

作り方

1 エビは殻をむき、背わたを取るなど下ごしらえをして、
ボウルで塩コショウ、オリーブオイルと和える。

2 1を串に刺してグリルで焼く。ヴィナグレッタソースに
はちみつを入れて甘く仕上げ、焼き上がりにたっぷりとか
けてできあがり。

Gambas (ガンバス) は芝エビ、
Camarones (カマロネス) は小
エビ、赤くてちょっと高級な大きめの
エビは、Carabinero (カラビネロ) と
呼びます。

おすすめワイン

**ジョセップ・フォラスター・ブラン・
セレクション 2017 (白ワイン)**
Josep Foraster Blanc Selecció

ワイナリー名:マス・フォラスター
ブドウ品種:ガルナッチャ・ブランカ50%、
マカベオ40%、シャルドネ10%
原産地呼称:D.O.コンカ・デ・バルベラ
希望小売価格2,500円(税別)

←熟した果実味に樽熟成由来のボリュームも
加わり、ヴィナグレッタソースがかかったプ
リッとしたエビにしっかりと絡み合います。

腎臓の素揚げ

Brocheta de riñón fritos
●プロチェタ・デ・リニョン・フリートス

　じ、腎臓？　って、食べるの？　と思うかもしれません
が、思ったよりもクセがなく、さっぱりといただける部位
です。サン・セバスチャンではラムの腎臓を使うことが多
いようです。見た目はまさに日本の焼きトンかな？？　シ
ンプルに塩で素揚げにします。半分砂肝のような、半分レ
バーのような、日本人には馴染みのある食感で、とっても
美味しい。なんだか懐かしいような味わいです。タバスコ
など、辛味と酸味のきいたソースをかけるのが現地風。

材料（2本分）

羊の腎臓…100g
塩コショウ…適量
オリーブオイル…適量
揚げ油…適量
タバスコ…お好みで

> 代用するなら…砂肝かな…私なら砂肝と
> 豚レバーを交互に串に刺してみるかも！

作り方

1 一口大に切った腎臓に塩コショウし、オリーブオイルで和え
てしばらくおく。
2 1を串に刺して、中温で火が通るまで素揚げにする。お好み
でタバスコをかけて。

40

ジャガイモとツナと卵

Pintxo de patatas, atún y huevos
●ピンチョ・デ・パタタス、アトゥン・イ・ウエボス

　サン・セバスチャンでよく食べられているツナは"atún"
と呼ばれるメバチマグロを使ったもの、もしくは"bonito"
というビンチョウマグロを使ったもの。どちらも缶詰めや
瓶詰めで手に入りますが、バルそれぞれで手作りしている
ところも多くあります。この変わった見た目のピンチョは、
伝統的なバル「TAMBORIL」(現在は「バル「GANBARA」の支店)が
発案したと言われています。

材料（2本分）
ジャガイモ（メークイン）…½個
ゆで卵…1個
ツナ（チャンキータイプ）…大さじ2
アンチョビ…2枚
グリーンオリーブ…2個
グリーンレリッシュ（P26参照）
　…大さじ3

作り方
1 ゆでて輪切りにし、皮をむいたジャ
ガイモに、半分に切ったゆで卵、
ツナ、アンチョビ、グリーンオリー
ブの順にのせて串に刺す。

> ゆで卵の下の方を薄く包丁で
> そいでおくと安定します。

2 グリーンレリッシュをた
っぷりとかけて仕上げる。

41

卵とアンチョビ

Pintxo de huevos y anchoas
●ピンチョ・デ・ウエボス・イ・アンチョアス

　前ページで紹介したジャガイモとツナと卵のように、サン・セバスチャンのバルでは、ゆで卵を使ったピンチョスがたくさん。その種類はもう、数えきれないほどです。エビがのったこの独創的な形は、有名な老舗のバル「BERGARA」（旧市街からウルメア川を渡った東側にある「グロス地区」にある）デザインに似たもの。ここのピンチョたちの美しさは別格で、見ているだけでうっとりしてしまいます。

　さて、このピンチョの白くふわふわしているところは、ゆで卵の黄身をくり抜いた白身の部分に、黄身とマヨネーズを和えたフィリングを詰めて、さらに白身を裏ごししたものをのせたもの。ゆで卵とアンチョビ、マヨネーズの相性はシンプルにして最高です。味の雰囲気は、そうですね、回転寿司で、たまーに食べたくなるマヨネーズで和えた軍艦もののような感じ。バルでは必ずバゲットが置いてあるので、卵をナイフでぐちゃぐちゃにしてから、たっぷりとのせて食べてみて。

材料（2本分）
ゆで卵…2個
マヨネーズ…大さじ2
アンチョビ…2枚
エビ（ゆで）…2尾

作り方
1 ゆで卵を半分に切り、黄身を取り出してつぶし、マヨネーズで和える。
2 白身の半分はザルなどで裏ごししておく。
3 白身の半分を器にして、アンチョビを置き、1の黄身を戻し入れ、白身の裏ごしをのせる。
4 ゆでエビに串を刺し、卵の上から下までイラストのように刺して固定する。

おすすめワイン

**アイララ・トレイシャドゥーラ 2017
（白ワイン）**
Ailalá Treixadura
ワイナリー名：アイララ・アイラレロ
ブドウ品種：トレイシャドゥーラ100％
原産地呼称：D.O.リベイロ
希望小売価格2,200円（税別）

←アプリコットや白桃などを思わせる白い果実味に、柑橘類の酸味、しっかりした骨格は、アンチョビの塩味やマヨネーズの旨味をしっかり支えてくれます。

バスクのオスの文化？

美食倶楽部

　スペインバスクには、「美食倶楽部」という魅惑的な響きのシステムがあります。「Sociedad Gastronómica（ソシエダ・ガストロノミカ）」と呼ばれる、バスクの男性が中心となって美食を楽しむ、一種の秘密クラブのようなもの。みなさん「Sociedad」（ソシエダ）と気軽に呼んでいます。約1500のソシエダがあり、およそ22万人がその会員だとか。ソシエダでは、基本男性しか厨房に入れないのがルールです。女性の会場への立ち入りすら禁止しているところもあるようですが、通常は、メンバーの男性たちが料理を作り、奥さんたち、彼女たち、子どもたち、女友達は、食事ができるのを待ちつつお酒を飲んで楽しむのが一般的。なんともたまらない状況ですな！

　会員の紹介でのみ会員になることができ、バスクの男性たちにとっては、ソシエダに属しているということが一種のステイタス。会員になると友達や家族を招待できます。それぞれのソシエダごとにハウスワイン、ハウスビールなどが常備してあって、飲んだ分だけ割り勘にします。材料も持ち寄って割り勘。片付けはプロに頼んでいるところが多く、招待された女性たちにとっては、もう、夢のようなシステムです。まさに上げ膳据え膳！

　サン・セバスチャンに行って突然ソシエダに突撃することはできないので、ここはじっくり通ってお友達を作らないとなりませんね。

バゲットにのったピンチョス

サン・セバスチャンに限らず、スペイン全土のバルでよく出される形態が、
スライスしたバゲットにのせるタイプ。
パッと手で持って、すぐにパクッといけるところは、串のピンチョスと同じ。
スペインの皆さんはほとんどの食事に必ずバゲットを用意するので、
スペイン料理を小さく凝縮した世界をそのまま
いただける感覚のピンチョスです。

アンチョビとパプリカグリル

Pintxo de pimiento y anchoas
●ピンチョ・デ・ピミエント・イ・アンチョアス

　シンプルだからこそ、その組み合わせの妙が引き立つ代表的なピンチョスのひとつです。バスクの民族的なシンボルで、"イクリニャ"と呼ばれる州の旗の色、赤・緑・白でできています。肉や魚のピンチョの合間に食べて口直しするもよし、手始めの最初のピンチョスに選ぶもよし、いつ食べても安心できるバスクの味です。

材料（2個分）
赤パプリカ・グリーンパプリカ…各½個
塩コショウ…少々
アンチョビ…2枚
バゲット…2切れ
オリーブオイル…適量

作り方
1 パプリカは縦¼に切る。
2 フライパンにオリーブオイルを熱し、2色のパプリカをじっくり弱火で焼き、塩コショウする。
3 バゲットにオリーブオイルを塗り、2のパプリカをのせ、真ん中にアンチョビをのせる。

レバーパテとバルサミコ

Paté de hígado con mermelada
●パテ・デ・イガド・コン・メルメラダ

フランス料理の定番、レバーパテも、サン・セバスチャンで人気のお料理。鶏のレバーを使った軽やかな舌触りのパテには、甘いバルサミコや、ジャム、フルーツのコンポートなどがよく合います。スペインのサンドイッチ"ボカディージョ"の具としてもレバーパテは人気です。サンドイッチの具にレバーパテというと、ベトナムのバインミーを思い出しますが、同じく野菜のピクルスと合わせても美味しいかも！

材料 (作りやすい分量)

鶏レバー…150g
タマネギ (みじん切り)
　…½個
ニンニク (みじん切り)
　…1片
オリーブオイル…適量
コンソメスープ…カップ1

生クリーム…50㎖
黒コショウ…適量
塩…適量
バルサミコ…適量
バゲット…適宜

作り方

1 鶏レバーは流水で洗いながら丁寧に下ごしらえをし、水気をよく拭き取る。

2 タマネギとニンニクをオリーブオイルで炒め、タマネギが透き通ってきたら1を加えて炒める。

3 2にコンソメスープを加えて煮詰めたら、フードプロセッサにかけてペースト状にし、生クリーム、黒コショウ、塩で調味する。

4 3を冷やしてからバゲットにのせ、バルサミコをかける。

鴨のソテー

Pintxo de pato

●ピンチョ・デ・パト

　鴨のソテーというと、もう十分メインをはれるお料理。それを、小さなバゲットの上に凝縮した贅沢なピンチョです。鴨に組み合わせる定番の食材といえばオレンジですが、サン・セバスチャンではフルーツのように甘くじっくりと炒めたタマネギをトッピングすることのほうが多いです。

材料（2個分）

鴨ロース肉（薄切り）…100g

タマネギ…½個

オリーブオイル…適量

塩…少々

バルサミコ…適量

バゲット…2切れ

黒コショウ（粗挽き）…少々

赤いソース

A｜紫キャベツ（みじん切り）…大さじ1
｜ニンジン（みじん切り）…大さじ1
｜紫タマネギ（みじん切り）…大さじ1
｜オリーブオイル・
｜　赤ワインビネガー・はちみつ
｜　…各大さじ1
｜塩…少々

作り方

1 フライパンにオリーブオイルを熱し、鴨ロース肉をさっと焼く。

2 タマネギは薄くスライスし、オリーブオイルで濃いきつね色になるまでゆっくりと炒めて甘みを引き出し、塩で調味する。

3 バゲットの上にのせた鴨ロース肉に2をのせる。Aをすべて混ぜた赤いソースをのせ、黒コショウをふってできあがり。

カニグラタン
Pintxo de changurro gratinado
● ピンチョ・デ・チャングーロ・グラティナード

　こうしたトロトログラタン系のピンチョは、バル料理の定番中の定番です。そしてグラタンのなかでも、サン・セバスチャンのみなさんはカニグラタンが大好き。バルのカウンターにバゲットにのったグラタンがある場合、頼むと、奥でバーナーを使って焦げ目をつけて、温かくしてくれます。ベシャメル系のおつまみって、実は、バゲットサイズくらいがちょうどよかったり、しませんか？

材料（2個分）
カニ（毛ガニ、ズワイガニなどの
　　ほぐし身）…50g
ベシャメルソース（P26参照）…100g
とろけるチーズ…大さじ2
バゲット…2切れ

作り方
1 ベシャメルソースにカニととろけるチーズを混ぜる。
2 1をバゲットにのせ、焼き色がつくまでグリルまたはトースターで焼く。

サーモンパテ

Pintxo de paté de salmón
●ピンチョ・デ・パテ・デ・サルモン

　バゲットに、パテがこんもりとのせてあるピンチョ。これもまた、サン・セバスチャンを代表するピンチョスの形。パテも、サーモンだけでなく、エビ、ホタテ、サバ、フォアグラ、鶏レバーなどさまざまです。

　サーモンのパテには、クリームチーズが練り込んであることが多く、臭みのないなめらかな口どけ。こういうシンプルなピンチョこそ、そのバルの底力が出るのではないでしょうか。イチから手作りすればもちろん言うことなしですが、市販のパテをスライスしたバゲットにのせるだけで、本場っぽいピンチョができあがります。ぜひお友達の集まりのときに、思いっきりピレネー山脈のようにのせてみて。

おすすめワイン ▶

バリカ・アレハンドルス 2016（白ワイン）
Barrica Alejandrvs
ワイナリー名：ボデガス・アントニオ・モンテロ
ブドウ品種：トレイシャドゥーラ 100％
原産地呼称：D.O.リベイロ
希望小売価格3,600円(税別)

←熟したりんご、メロン、パイナップルを思わせる香りに、しっかりした果実味は非常にリッチ。樽熟成から伝わるトーストやバニラのフレーバーは、クリームチーズを含んだなめらかなサーモンパテを強調してくれます。

材料 (作りやすい量)

生鮭…1切れ (約150g)
白ワイン…大さじ2
クリームチーズ…30g
生クリーム…30㎖
塩…少々
バゲット…適宜

作り方

1 生鮭は白ワインをかけてラップをし、電子レンジに2分かけて蒸す。

2 1の皮や血身の部分を取り除き、クリームチーズと生クリームを合わせてフードプロセッサで攪拌する。

3 塩で味を整えたら、冷蔵庫で冷やしてからバゲットにのせる。

温かいうちはトロトロの状態だけど、冷やすことでこんもりと盛ることができちゃう!

ハモンとオリーブオイル

Pintxo de jamón y aceite de oliva
●ピンチョ・デ・ハモン・イ・アセイテ・デ・オリバ

　スペインの生ハムの美味しさは、日本のスペインバルでも楽しんだことがある人も多いのでは？　熟成された生ハムを、長く細く鋭いナイフで、手切りで切り出すのがイタリアの生ハムと違うところ。特にイベリコ豚の生ハム（Jamón Ibérico／ハモン・イベリコ）には、濃密などんぐりの香りとこっくりとした黒豚本来の旨味が溶け込んでいて、それだけでもう極上のご馳走です。

材料（2個分）
生ハム…6切れ ● ┌ スペインの生ハムは、ナイフで削り取ったような形
バゲット…2切れ
オリーブオイル…少々

作り方
バゲットをトーストし、生ハムをのせ、オリーブオイルを上からかけるだけ。

> このピンチョは本当に、ただ、切ってのせてかけるだけ、なのです。が、このシンプルさがたまらない！　これとワインがあれば、私、しばらくおとなしくしております。

イワシとピスト

Pintxo de pisto con boquerones en vinagre
●ピンチョ・デ・ピスト・コン・ボケローネス・エン・ビナグレ

　後ほど紹介するカタクチイワシの酢漬けは、小皿で食べるだけでなく、バゲットにのせてもさまざまなピンチョに変身します。火をじっくりと通した野菜との相性も素晴らしい。酸味と旨味のバランスが取れて、ついもう一杯チャコリや白ワインが欲しくなる一皿です。

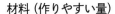

材料 (作りやすい量)

赤ピーマン・黄ピーマン・タマネギ…各100g
トマト水煮缶…200g
オリーブオイル…適量
塩コショウ…適宜
バゲット…適宜
カタクチイワシの酢漬け (P64参照) …適量
バルサミコ…適量

作り方

1 鍋にオリーブオイルを熱し、一口大に切った野菜を炒め、トマトの水煮缶を加えて塩コショウで調味し、柔らかくなるまで煮込む。
2 1をバゲットにのせ、カタクチイワシの酢漬けをのせて、バルサミコをかけて仕上げる。

> 甘めのバルサミコのちがこのピンチョには合うかも。ラタトゥイユはフランス語、スペインではPisto(ピスト)といいます。野菜を一口大に切ってゴロゴロした食感を味わうもよし、小さく切ってソース風にトロトロで味わうもよし!

マグロのタルタル

Pintxo tartar de atún
●ピンチョ・タルタル・デ・アトゥン

　サン・セバスチャンの人々が日本を訪れるとき、食の分野でほぼ困ることがないのは、普段からお刺身で魚を食べ慣れているからではないでしょうか。マグロも大人気のお魚で、刺身、タタキ、タルタルなどにして楽しみます。ピクルスや香味野菜、オリーブオイルなどと組み合わせるのがスペインらしいところ。

材料 (作りやすい量)

マグロの赤身…200g

A｜タマネギ (みじん切り)
　　　…大さじ2
　　グリーンオリーブ (みじん切り)
　　　…大さじ2
　　ケーパー (みじん切り)
　　　…大さじ1
　　オリーブオイル…大さじ3
　　レモン汁…大さじ1
　　ニンニク (電子レンジで軽く加熱
　　　してから潰したもの) …少々
　　塩…適量

バゲット…適宜
イタリアンパセリ…お好みで
醤油…お好みで

作り方

1 マグロの赤身を細かく叩き、Aと和える。

2 トーストしたバゲットにのせ、お好みでイタリアンパセリをのせる。

> 醤油をちょっとだけ隠し味にたらしてみて。このピンチョは、マグロだけでなく、タイやイカ、イワシの刺身などでアレンジしても美味しい!

エビの天ぷら
Tempura de camarones
●テンプラ・デ・カマローネス

　"てんぷら"は実はスペイン語を語源としている、という説があります。そのせいか、衣をつけてカラッと揚げた天ぷらは非常にポピュラー。特にエビの天ぷらは大人気です。日本には天ぷらをおにぎりにした天むすがありますが、そのスペイン版とも言えるのがこのピンチョです。甘みのあるバルサミコとの相性は抜群です。

材料 (2 個分)
エビの天ぷら…2尾
バゲット…2切れ
塩コショウ…少々
バルサミコ…適量

作り方
エビの天ぷらをバゲットにのせて塩コショウをふり、バルサミコをかける。

> エビの天ぷらで美味しいなら、イカの天ぷらでもアジフライでも、きっと美味しい！　いつもの揚げ物をバゲットとバルサミコの組み合わせでピンチョスに変身させてみては？

¡Qué buena pinta!

ピキージョピーマンの
マヨネーズソース

Pintxo de pimientos del piquillo con mayonesa
●ピンチョ・デ・ピミエントス・デル・ピキージョ・コン・マヨネサ

　"ピキージョピーマン"って、聞いたことあり
ますか？　赤くてスッと綺麗な三角形をしている
ピーマンで、サン・セバスチャンのあるギプスコ
ア県のお隣、ナバラ州で多く生産されています。
肉厚で甘いこのピーマンを炭火でじっくりと焼き、
皮をむいた状態で缶詰めや瓶詰めになっています。
炭の香ばしい香りが楽しめるため、生よりも焼い
たほうが美味しいと評判の野菜です。

　後ほど紹介しますが、この三角形のと
ころにいろいろな詰め物をして煮込んだ
り、焼いたりして食べるのが定番の
お料理。ピンチョスに使うときは、
このように細く切り、他の野菜
やアンチョビと一緒に炒めたも
のをバゲットにのせ、マ
ヨネーズでおしゃれに仕
上げたものも人気です。

Se verico!

材料（2個分）

ピキージョピーマン（瓶詰め）…1ハイ
ししとう…4、5本
アンチョビ（みじん切り）…2切れ
オリーブオイル…適量
バゲット…2切れ
マヨネーズ…適量

作り方

1 ピキージョピーマンとししとうは細く
切り、熱したオリーブオイルで炒め、火
を止めてからアンチョビを加える。
2 バゲットにのせ、マヨネーズをかけて
仕上げる。

> ピキージョピーマンの瓶詰めは、
> ネットで購入できるほか、デパート
> の地下などでも扱っていることがあります。

■ おすすめワイン

クロ・コル・ビ・リースリング 2018（白ワイン）
Clos Cor Vi Riesling
ワイナリー名：クロ・コル・ビ
ブドウ品種：リースリング100％
原産地呼称：D.O.バレンシア　希望小売価格2,300円（税別）
←柑橘類の爽やかな香りに、メントールやチョークを
感じるライムストーン（石灰岩）のアロマが調和され、
フレッシュでドライ、そして酸味が加わる味わい。ピ
キージョピーマンやししとう、アンチョビの味をしっ
かり支え、マヨネーズのアクセントの邪魔をしません。

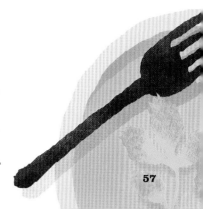

卵とカニカマ

Pintxo de huevos y txaka

●ピンチョ・デ・ウエボス・イ・チャカ

　カニカマは、実は日本が生んだスーパー食材。ヨーロッパのどの国でもお馴染みです。特にスペイン人は、高級食材"アングーラス"というウナギの稚魚にそっくりに作ったかまぼこ"グーラス"を作るほどのカマボコ好き。カマボコのマヨネーズ和え…ちょっとB級なその味は間違いなく、みんな大好き、ですよね？　作り方も簡単すぎて嬉しくなります。

材料（2個分）

カニカマ…30g
ゆで卵…1個
マヨネーズ…大さじ2
バゲット…2切れ

作り方

1 ほぐしたカニカマと粗めに刻んだゆで卵をマヨネーズで和える。
2 バゲットにこんもりとのせてできあがり。

スモークサーモン

Pintxo de salmón ahumado
●ピンチョ・デ・サルモン・アウマド

　スモークサーモンは日本でも定番のおつまみですが、サン・セバスチャンのバルでも、スモークサーモンのピンチョがないことはまず、なさそう。サーモンは、ディルの香りたっぷりで食べるのがヨーロッパ風。サン・セバスチャンでは、さまざまなレリッシュ（P26参照）とともにいただきます。

材料（2個分）

スモークサーモン…50g
クリームチーズ…30g
ギンディージャのレリッシュ

A｜ギンディージャ（青唐辛子の酢漬け）…3、4本
　｜タマネギ（みじん切り）…大さじ1
　｜白ワインビネガー…大さじ1
　｜塩…適量
バゲット…2切れ
ディル…適宜

> レッドレリッシュやグリーンレリッシュ（P26）でも美味しく仕上がります。隠し味に生の青唐辛子を刻んでちょこっとのせてみるのも一案。

作り方

1 トーストしたバゲットにクリームチーズをぬり、スモークサーモンをのせる。
2 Aをすべて混ぜたギンディージャのレリッシュを上にのせ、お好みでディルを添えて。

フォアグラ

Pintxo de foie gras
●ピンチョ・デ・フォア グラ

　フォアグラは、バスクでは非常に人気の食材です。強制的にカモに餌を与えて大きく肥大させた肝臓を食べる高級珍味ですが、バスクではカモにストレスを与えず、運動をさせ、食事も強制的に行わない方法で、とても美味しいフォアグラを作り上げてきました。だからこそ、その安心安全なフォアグラが人気となり、多くのバルで愛されるメニューになっています。

　特に、バル「SPORT」のフォアグラは厚切りの2枚のせ！表面を香ばしく焼き上げたのち、エッジの効いた結晶塩をふり、バゲットが見えなくなるくらいのサイズでどーんとのせてくれます。このバルは日本語の堪能なスタッフが多いのもありがたいところなのですが、スペイン語ではフォアグラのことは"foie(フォア)"というので、覚えておくと便利です。

材料（2個分）

フォアグラ…100g
オリーブオイル…適量
バゲット…2切れ
結晶塩…適量
黒コショウ…お好みで

作り方

1 フォアグラを1センチほどの厚さにスライスし、オリーブオイルを熱したフライパンで両面を焼きつける。
2 焼きあがったらバゲットにのせ、結晶塩をふり、お好みで黒コショウをかけてできあがり。

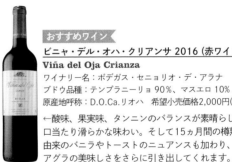

おすすめワイン

ビニャ・デル・オハ・クリアンサ 2016 （赤ワイン）
Viña del Oja Crianza

ワイナリー名：ボデガス・セニョリオ・デ・アラナ
ブドウ品種：テンプラニーリョ90％、マスエロ10％
原産地呼称：D.O.Ca.リオハ　希望小売価格2,000円(税別)

←酸味、果実味、タンニンのバランスが素晴らしく、口当たり滑らかな味わい。そして15ヵ月間の樽熟成由来のバニラやトーストのニュアンスも加わり、フォアグラの美味しさをさらに引き出してくれます。

コンチャ湾を散歩して、絶景の山に登る

　カンタブリア海の南部ビスケー湾、そのなかでも、「ビスケー湾の真珠」と呼ばれるのがサン・セバスチャン。ゆっくり歩いても20分程度しかかからない美しいコンチャ湾の両端には、「MONTE URGULL(モンテ ウルグル)」と「MONTE IGUELDO(モンテ イゲルド)」という小高い山があります。

　旧市街でのバル巡りの最中に、ちょっと気分転換に漁港のあたりから20分ほど歩けば、モンテ ウルグルに到着。頂上の要塞にはキリスト像があって、コンチャ湾とサン・セバスチャンの街並みを東側から眺めています。

　サン・セバスチャンの街中、「Hotel Londores (オテル ロンドレス)」あたりから、またはギプスコア広場の北側からバスに乗れば、コンチャ湾の西側にあるモンテ イゲルドへ登れるケーブルカー、フニクラール (Funicular) 乗り場につきます。もちろん、コンチャ湾岸をゆっくり歩いてフニクラール乗り場に行くこともできます。フニクラールの終点には、レトロ感がジワジワくる遊園地とホテル、展望台があって、簡単なピンチョスやお酒を楽しむこともできます。

　どちらも、この街が「ビスケー湾の真珠」と呼ばれるのにふさわしいと気づく場所。晴れた日にはなおさら、海と空の青さに酔えます！

コンチャ湾の
コンチャは
貝殻の意味だよ！

冷たいピンチョス

食材を酢漬けにしたり、塩漬けにしたりして保存するのが上手なスペイン人。
そんなおかずをそのまま出してくれる冷たいピンチョスは、
居酒屋でいうと、すぐに出てくるお漬物、和え物のような存在でしょうか。
バル巡りの最初にも、口直しにも、
さっぱり終えたいときのシメにもぴったりのピンチョスです。

カタクチイワシの酢漬け

Boquerones en vinagre

●ボケローネス・エン・ビナグレ

　小皿に何匹も可愛くのって、バゲットと一緒に出されるのが、カタクチイワシの酢漬けです。ふんわりと身の柔らかいカタクチイワシを、白ワインビネガーでさっと浅漬けにし、オリーブオイルに漬けて保存します。現地カンタブリアの海で獲れるカタクチイワシのクオリティは非常に高く、酢漬けだけでなく、そのまま軽い塩をして素揚げにしたり、衣をつけて天ぷらのようにしたりして楽しみます。

　サン・セバスチャンのバルで、イワシ料理で有名なのは、バル「TXEPETXA」。ここでは常時、カタクチイワシのピンチョだけで10種類以上食べられるそう。

材料 (作りやすい量)

カタクチイワシ…300g
塩…小さじ2
白ワインビネガー…適量
オリーブオイル…適量

作り方

1 カタクチイワシの頭を落
とし、指ではらわたを出し、
3枚におろす。
2 1に塩をふって冷蔵庫に
1時間ほど寝かせ、さっと
水洗いしたあとよく水気を
拭き取る。
3 2をバットに入れて白ワインビネガーを
ひたひたに注いで2時間ほどマリネする。
4 白ワインビネガーをよくふり落としてか
ら保存容器に入れ、オリーブオイルを注い
で冷蔵庫に保存する。

おすすめワイン◀

フロール・デ・カステル 2018 (白ワイン)
Flor de Castel

ワイナリー名：ボデガス・チャベス
ブドウ品種：アルバリーニョ100％
原産地呼称：D.O.リアス・バイシャス
希望小売価格2,100円(税別)

←大西洋に面した畑で、日頃から潮風を浴びて育っ
たブドウを原料にしたワインは、塩気の味わいが顕
著です。この塩味とアルバリーニョ特有の柑橘系の
酸味は、カタクチイワシの酢漬けにピッタリ。

タコのマリネ
Pulpo a la vinagreta
●プルポ・ア・ラ・ビナグレタ

　タコと野菜を合わせてさっぱりとまとめた、口直しに最高のピンチョです。酸味の効いた白ワインや、微発泡のチャコリ、カヴァなどとの相性がたまりません。マダコのお刺身があれば、すぐにサン・セバスチャン風にアレンジできるのでチャレンジしてみては。日本の酢物のような立ち位置なので、ここでもバスクと日本の共通点を感じます。

材料 (作りやすい量)

マダコ (ゆでタコ) …80g ← 水ダコで作るとさらに旨味がアップ！
タマネギ (薄切り) …½個
ピーマン (輪切り) …1個
グリーンオリーブ…適量
塩…小さじ½
白ワインビネガー…大さじ3
オリーブオイル…大さじ2

作り方

1 マダコは食べやすい大きさに切り、タマネギ、ピーマン、グリーンオリーブと和える。
2 塩、白ワインビネガー、オリーブオイルでマリネする。

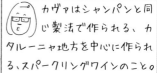

カヴァはシャンパンと同じ製法で作られる、カタルーニャ地方を中心に作られる、スパークリングワインのこと。

魚介のカクテルサラダ
Ensalada de cóctel de mariscos
●エンサラータ・デ・コクテル・デ・マリスコス

　バル「BERGARA」(グロス地区)でお馴染みの魚介のカクテル。サン・セバスチャンのピンチョで驚くのは、そのフルーツの使い方の妙。エビ、イカ、タコなどの淡白で食感のいい魚介と、パイナップルやマンゴー、リンゴの角切りを上手に合わせています。

材料（2人分）
エビ、イカ、タコなど…100g
リンゴ、パイナップルなど
　…50g
マヨネーズ…大さじ3
ケチャップ…大さじ1
タバスコ…少々
イクラやとびこ…お好みで

作り方
1 材料をすべて5ミリ角くらいに切り、調味料で和える。
2 お好みでイクラやとびこを添えて。

みんな大好き ジン・トニック

ジン・トニックは、言わずと知れたジンのトニックウォーター割りですが、ジンやトニックウォーターの種類、量、冷やし方、氷の量に至るまで、こだわり始めたらキリがないカクテルでもあります。これが、なぜかサン・セバスチャンのどのバルでも飲めるのです。そして驚くのが、そのサイズ。日本では円筒状の細長いグラスで供されることが多いロングカクテルの代表格だと思いますが、ここでは太った、まあるい、脚のある大きなグラスで出されることが多いのです。サイズ的にはメキシコのフローズンマルゲリータを思い起こさせるでっかさ（わかりにくいか……）。腱鞘炎になりそうな大きさ、と言ったらいいのかしら。500㎖くらい入ってそうなのです。

コンチャ湾に面したカフェでも、旧市街の公園に賑やかに並べられたテーブルでも、多くの人がジン・トニックを楽しんでいます。バルによっては、ジンの種類を指定できるところもあって、それぞれが好みの割り方で作ってもらっているようです。ジン・トニック専門店もあり、そこでは数十種類を超えるジンと、数十種類のトニックウォーターを揃えていて、その組み合わせはほぼ無限大。

熱い日差しの下、爽やかな風に吹かれながら、喉をすっと潤すには最適な飲み物ですが、この飲み口のよさの裏には思わぬ度数のアルコールがぶち込まれておりますので、注意が必要ですぞ。

ちなみに、サン・セバスチャンをロンドン経由で訪れる場合には、お友達へのお土産はロンドンジンにしておけば間違いなしです。

浮かんだ
ジェニパーベリーと
ライムのいい香り！

温かいピンチョス

黒板に書いてあったり、カウンターのカマレロさんたちに聞かないと
わからなかったりするのが温かいピンチョス。
注文してから作ってくれる、本格的なバル料理です。
注文するのにちょっとハードルが高い気もしますが、
スペイン語ができなくても、メモを見せたり、「これと同じのください！」
と指差したりして乗り切れます。

ヤリイカのソテー タマネギソース

Chipirones a la plancha
●チピローネス・ア・ラ・プランチャ

　小ぶりで身の柔らかいヤリイカは、表面はこんがりと香ばしく、でもなかはまだレアかな？　くらいで焼き上げるのがサン・セバスチャン風。プランチャというのは鉄板焼きという意味。茶色くなるまで甘く炒めたタマネギとバルサミコをソースにしていただくのが独特です。

材料（2人分）

ヒイカや小さめのヤリイカなど…4ハイ
塩コショウ…少々
タマネギ（薄切り）…½個
塩…少々
オリーブオイル…適量
バルサミコ…適量
イタリアンパセリ…適宜

作り方

1 内臓を取り、下ごしらえしたイカの水気を取り、塩コショウをして、フライパンでオリーブオイルを熱して焼く。
2 タマネギは濃い茶色になって甘くなるまで炒め、塩で調味する。
3 焼きあがったイカに2をのせ、バルサミコをひと回し。お好みで刻んだイタリアンパセリをのせて。

ししとうの素揚げ

Pimiento de padrón fritos
●ピミエント・デ・パドロン・フリートス

　これは本当に、みんな、みんな大好きなピンチョです。日本のししとうより太った"パドロン"や、細く長い"ゲルニカ"をオリーブオイルで揚げ焼きにし、岩塩をかけて食べます。日本でいう枝豆のような立ち位置のおつまみですね。もう食べ始めたら止まりません。焼き揚げる前にししとうに穴を開けておかないと、爆発しちゃうかもです、注意。

材料 (2人分)
ししとう (もしくは万願寺唐辛子など辛くないもの) …200g
オリーブオイル…適量
結晶塩…適量

作り方
1 ししとうにフォークなどで穴を開けておく。
2 熱く熱したフライパンにオリーブオイルを入れ、ししとうを入れたらあまり動かさないようにして、表面に軽く焦げ目をつけるように揚げ焼きにする。
3 こんがり焼けたら取り出して、岩塩をふってできあがり。

水分が出過ぎないように、必ず火からおろしてから岩塩をふりかけるのがポイント。

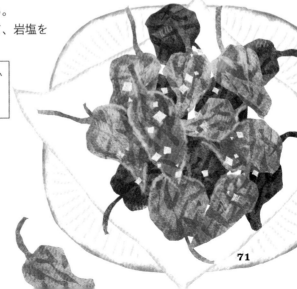

トルティージャ

Tortilla
●トルティージャ

　"トルティージャ"とは、言わずと知れた、スペインオムレツのこと。ジャガイモとタマネギをオリーブオイルでじっくりと炒め、卵でとじたオムレツです。フライパンいっぱいに作り、なかがとろーっと半熟なのがサン・セバスチャン風です。

　トルティージャは、どんなバルにも置いてある定番中の定番ピンチョで、お酒のつまみとしてだけでなく、バルで朝ごはんを楽しみたいときにもピッタリ（バルは朝からやっているところもあるのです）。ちょっと小腹が空いた午後のおやつにも、みんな大好きなスペインのサンドイッチ"ボカディージョ"の具としても非常に便利な一品です。定番だからこそ、バルによって少しずつ味が違い、サン・セバスチャンの人々は皆、どこかにお気に入りのトルティージャを持っているとも言えます。

材料 (直径20センチ程度の小さいフライパン1つ分)
卵…5個
ジャガイモ (薄切り) …小3個
タマネギ (薄切り) …1個
塩…小さじ½
オリーブオイル…100cc

作り方
1 オリーブオイルを熱したフライパンで、塩をしたジ
ャガイモとタマネギをじっくりと炒める。
2 ジャガイモが柔らかくなったら溶いた卵を入れ、半
熟になるまで焼く。
3 平らな皿に滑らせるように移し、フライパンをかぶ
せて皿ごとひっくり返して両面を焼く。

乾燥塩ダラ (バカラオ) を
入れたものや、刻んだ生ハ
ムを入れたものなどが人気。
自分の好みにアレンジできますよ。

おすすめワイン
ビニャ・デル・オハ・ブランコ 2018 (白ワイン)
Viña del Oja Blanco
ワイナリー名：ボデガス・セニョリオ・デ・アラナ
ブドウ品種：ビウラ 100％
原産地呼称：D.O.Ca.リオハ
希望小売価格1,600円(税別)

←フレッシュな果実味に溢れ、軽やかで爽やか
な味わいは、この料理の美味しさの邪魔をせず、
素直にトルティージャの旨みを共有するパート
ナーになってくれます。

バカラオのクロケッタ

Croqueta de bacalao
● クロケッタ・デ・バカラオ

　"バカラオ"とは、タラ、または、乾燥塩ダラのこと。スペインのスーパーの魚介売り場や生ハム売り場の近くなどで、白く硬い、大きな魚の塊が吊り下げられていることがあります。これがバカラオです。

　バカラオは、スペインやポルトガルで非常に人気のある食材で、乾燥塩ダラの名の通り非常に強い塩がされている保存食なので、十分に水で戻してから料理に使います。サン・セバスチャンでは、戻したものを"トルティージャ"(P72)に入れたり、小さな一口サイズのコロッケ"クロケッタ"の具となるベシャメルソースに混ぜ込んだりします。タラの香りと程よい塩気の効いたクロケッタは、ビールや白ワイン、チャコリとの相性が抜群です。

> バカラオは、ネットで"購入できるほか、日本の干しダラでも代用できます。

おすすめワイン

パムポル 2018（白ワイン）
Pampolut

ワイナリー名：カン・レアンドロ
ブドウ品種：メルセゲラ100%
原産地呼称：D.O.バレンシア
希望小売価格2,300円（税別）

←柑橘類、白桃、白い花、ハーブを思わせる香りに、ボリュームを感じる厚みのある果実味と、心地よい酸味が特徴です。揚げ物の旨味をしっかり支えてくれるワインです。

材料 (10個程度)

バカラオ (塩を抜いてほぐしたもの)
　…200g
タマネギ (みじん切り)…½個
バター…大さじ1
ベシャメルソース (P26参照)…100g
塩…適宜
薄力粉…適量
溶き卵…適量
パン粉 (細かくしたもの)…適量
揚げ油…適量
イタリアンパセリ…お好みで

＊バカラオの戻し方
バカラオは、水を張ったバットに入れて、
水を変えながら冷蔵庫で24時間程度戻す。

作り方

1 フライパンにバターを溶かし、バカ
ラオとタマネギを炒める。
2 タマネギが透き通るまで炒めたらベ
シャメルソースと混ぜ、必要なら塩で
調味し、バットに広げて冷ます。
3 冷凍庫に入れて半分冷凍するくらい
まで冷やし、整形しやすくする。小さ
く一口大の俵形にまとめ、薄力粉、溶
き卵、パン粉の順につけて揚げる。お
好みでイタリアンパセリをふって。

仔牛の頬肉のワイン煮込み
Carrillera de ternera guisada
●カリレラ・デ・テルネラ・ギサダ

　カウンターに何も並んでいない、つまり注文してから作るピンチョばかりのバル「BORDA BERRI」で定番料理になっているのが仔牛の頬肉(ほほにく)の煮込みです。ナイフがいらないほどトロトロほろほろに煮込まれた頬肉は、想像以上のクオリティ。ピンチョなのにまるでメインディッシュです。海沿いの街でありながらも、さすがサン・セバスチャン！　と唸ってしまう肉料理です。

材料 (作りやすい量)

仔牛の頬肉…約300g
オリーブオイル…適量
ニンニク (みじん切り) …小1片
タマネギ (スライス) …1個
セロリ (スライス) …1本
ニンジン (スライス) …小1本
赤ワイン…2カップ
コンソメスープ…2カップ
塩コショウ…適量
水溶き片栗粉…大さじ2
トマトソース (P26参照)、
　バジルソース (市販)、
　イタリアンパセリ…お好みで

作り方

1 塩コショウ (分量外) をした仔牛の頬肉を、ニンニクを入れたオリーブオイルで焼き色がつくまで焼き、タマネギ、セロリ、ニンジンを加えて炒める。
2 赤ワインを入れ、半分くらいの量になるまで煮詰まったらコンソメスープを入れ、ときどきかき混ぜながら2、3時間煮込む。
3 肉を取り出し、残ったソースを濾して、塩コショウで味を整え、水溶き片栗粉でとろみをつける。
4 食べやすい大きさに切った肉にソースをかけてできあがり。好みでトマトソース、バジルソースを添えて、イタリアンパセリをふる。

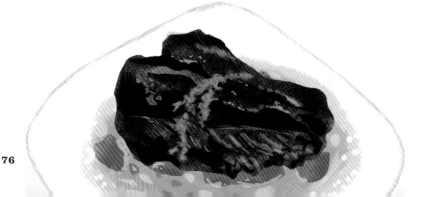

イカの墨煮

Chipirones en su tinta
●チピローネス・エン・ス・ティンタ

　小さなイカのお腹に足を詰め、野菜がたっぷり使われたイカ墨のソースでグツグツと煮た素敵なピンチョ。見た目は真っ黒ですが、味わいの優しさと野菜の甘さに溢れたソースで、もう夢中になってしまいます。残ったソースをバゲットですべて拭き取ってしまいましょう。

材料 (作りやすい量)
ヒイカ…10ハイ
ニンニク (みじん切り) …1片
タマネギ (みじん切り) …1個
薄力粉…大さじ1
トマト水煮缶…200g
イカスミペースト…50g
塩…適量
白ワイン…少々

作り方
1 ヒイカを下ごしらえし、食べやすく切った足を胴体に詰める。
2 フライパンにニンニクとタマネギ、薄力粉を炒め、トマトの水煮缶を入れて煮込む。
3 2が煮詰まったらミキサーにかけ、フライパンに戻してイカスミペーストを入れ、味をみて必要なら塩で調味する。
4 別のフライパンでヒイカを炒め、3のイカスミソースと白ワインを加えて煮詰める。

チョリソのシドラ煮

Chorizo a la sidra
●チョリソ・ア・ラ・シドラ

　小さく切った細いチョリソは、シドラ (リンゴの発泡酒) で煮込んだり、その
ままグリルにしてバゲットにのせて食べたりします。煮込み料理のベース
にも具にもなる使い勝手のいい小さな力持ちです。ピリッと辛いところが
小憎らしく、次から次へと手をのばしたくなるおつまみです。チョリソは
ぜひスペイン産のものを入手したいところ。

材料 (2人分)
チョリソ (5センチ長さ) …10本
シドラ…½カップ
水…½カップ

作り方
鍋でシドラと水を煮立たせ、チョリソを入れ、
弱火で20分ほど煮込んでできあがり。

> シドラだけで煮ると酸味が強すぎるこ
> とがあるので、水で割ってから煮込む
> とちょうどいい仕上がりになります。

アルボンディガス

Albóndigas
● アルボンディガス

　"アルボンディガス" とは、肉団子のこと。ベシャメルソースやトマトソースで煮込まれて、テラコッタの器(カスエラ)に入ってやってきます。熱々のところをいただきましょう。生ハムが天井からたくさんぶら下がっているバル「LA CEPA」は、アルボンディガスのピンチョに定評があります。

材料 (作りやすい量)

豚ひき肉…300g
A ┃ 塩コショウ…適量
　 ┃ 薄力粉…大さじ1
　 ┃ ニンニク (みじん切り) …1片
イタリアンパセリ (みじん切り)
　…大さじ2
薄力粉…適量
オリーブオイル…大さじ2
ニンニク (みじん切り) …1片
タマネギ (みじん切り) …小1個
トマトソース (P26参照) …400g
塩コショウ…適量
パセリ (みじん切り) …お好みで

作り方

1 豚ひき肉にAで下味をつけてよく練り、イタリアンパセリを加えて直径3〜4センチくらいに丸める。
2 表面に薄力粉をつけてから、オリーブオイルを熱したフライパンで焼き色をつけて取り出す。
3 2のフライパンでニンニクとタマネギを炒め、タマネギが透き通ってきたらトマトソースを入れて煮、肉団子を戻し入れる。
4 塩コショウで味を整えて、20分ほど煮込んでできあがり。お好みでパセリをトッピング。

Me encanta este olor.

アサリの炊き込みご飯

Arros con almejas
●アロス・コン・アルメハス

　新鮮なアサリが獲れるので、サン・セバスチャンや、シーフード料理で知られる港町ゲタリアなどでは、季節によってはアサリを生のままレモンをかけて食べられるほど。そんなアサリをたっぷりと使い、お米に旨味をこれでもかと染み込ませた料理が美味しくないわけがありません！　バル「LA CEPA」で絶品の一皿が食べられます。

　巻頭で紹介している「ランブロア」のアサリの炊き込みご飯ご飯は、サン・セバスチャンのどのバルよりもたっぷりとアサリが使われているように感じます。それに倣って、作るときにはもう、思いっきりアサリを放り込んで、そのダシを存分に味わってください。

おすすめワイン

セレイロス・デ・バルセラ 2016(白ワイン)
Celeiorós de Barcela
ワイナリー名：ボデガス・セレイロス
ブドウ品種：アルバリーニョ100％
原産地呼称：D.O.リアス・バイシャス
希望小売価格2,400円(税別)

←アプリコットやトロピカルフルーツ、ジャスミンのお花を思わせるアロマ。口当たりはフレッシュで、スムーズで飲みやすく、軽やかな印象の白ワイン。魚介に合うと定評のあるアルバリーニョ本来の魅力が溢れていて、アサリの旨みをさらに引き出してくれます。

材料（2、3人分）

アサリ（殻つき）…約300g
米…1合
ニンニク…1片
オリーブオイル…大さじ1
白ワイン…大さじ4
水…180㎖
塩…小さじ½
イタリアンパセリ（みじん切り）…大さじ4
オリーブオイル…お好みで

作り方

1 フライパンに潰したニンニクとオリーブオイルを入れ、砂抜きしたアサリを入れる。
2 白ワインを加えて蓋をし、アサリの口が開いたら一度取り出しておく。
3 同じ鍋に米を入れ、水と塩を入れて、ときどき混ぜながら米が好みの固さになるまで15分ほど煮る。
4 アサリを戻し入れ、10分ほど蒸らす。イタリアンパセリをふりかけてできあがり。

お好みでオリーブオイルをまわしかけて。

キノコのプランチャ

Setas a la plancha
●セタス・ア・ラ・プランチャ

　春・秋になると、サン・セバスチャンの人々は名産のキノコに夢中です。日本ではあまり馴染みのない、そして日本で購入すると非常に高価な、特別なキノコたちがバルの食材としても人気を博します。

　キノコ料理に定評のあるバル「GANBARA」では、ジロール茸、セップ茸など、数種類のキノコをシンプルにソテーし、岩塩とパセリで仕上げ、皿の真ん中に卵黄を落とすという名物料理が大人気。それぞれのキノコの食感の違いや、卵黄でなめらかに包まれた口どけ、広がる香りには、もうイチコロです。バルの料理としては少しお高めですが、日本で入手することを考えると、案外お得なのではないでしょうか。

材料（2人分）

キノコ（数種類）…約400g
オリーブオイル…大さじ4
ニンニク…1片
卵黄…1個分
結晶塩…適量
イタリアンパセリ（みじん切り）
　　…適量

作り方

1 キノコ類は食べやすい大きさにほぐす。
2 フライパンにオリーブオイルを熱し、包丁で叩いて潰したニンニクを加えて香りを立たせる。キノコを入れ、焼き色がつくまでじっくりあまり動かさずに焼く。
3 皿に盛りつけ、中央に卵黄を落とし、結晶塩とイタリアンパセリをふりかける。

キノコには白かな？と思っていたのですが、北澤ソムリエによると、「この旨味には赤で！」だそうです。

おすすめワイン

ビニャ・デル・オハ・グラン・レセルバ 2010(赤ワイン)
Viña del Oja Gran Reserva

ワイナリー名：ボデガス・セニョリオ・デ・アラナ
ブドウ品種：テンプラリーニョ 90%、マスエロ 5%、ほか
原産地呼称：D.O.Ca. リオハ
希望小売価格3,200円(税別)

←ドライフルーツやスパイス、ナッツ、マッシュルームなど熟成を経たワインに感じるフレーバーに、なめらかな舌触りの味わい。旨味の強い焼いたキノコには最高なペアリングです。

チーズのリゾーニ

Risoni de queso
●リゾーニ・デ・ケソ

　大人気のバル「BORDA BERRI」で出される羊のチーズのリゾーニは、トロトロで超絶香り高いリゾット。いえいえ、お米ではなく、お米のような形をしたパスタなので、「リゾーニ」なのです。スペインの代表的なチーズ、"ケソ・マンチェゴ"を使って、その独特な香りとクリーミーな口当たりを楽しみます。

材料（2、3人分）
ニンニク（みじん切り）…½片
タマネギ（みじん切り）…小½個
オリーブオイル…大さじ1
コンソメスープ…1カップ
リゾーニ…200g
ケソ・マンチェゴ（またはパルミジャーノ・レジャーノ、すりおろし）…大さじ4

> ケソ・マンチェゴとは、スペインの
> マンチェゴチーズのこと。原料は羊の乳です。

生クリーム…大さじ3
塩…適量

作り方
1 フライパンにオリーブオイルを熱し、ニンニクとタマネギを炒める。
2 タマネギが透き通ってきたらコンソメスープを加えて煮立て、リゾーニを入れて8〜10分程度、アルデンテになるまでよく混ぜながら煮る。
3 ケソ・マンチェゴまたはパルミジャーノ・レジャーノ、生クリームを加え、塩で味を調節する。

Buen Provecho.

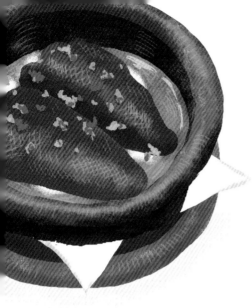

ピキージョピーマン
バカラオ詰め
Pimientos del piquillo relleno
●ピミエントス・デル・ピキージョ・レジェノ

　前出のピキージョピーマンですが、なかにバカラオ(乾燥塩ダラ)を練り込んだベシャメルソースを詰めて、トマトをはじめとするたっぷりの野菜のソースで煮込んだお料理です。巻頭でご紹介している「ランブロア」でもいただける、これまたソースをすべてパンで絡め取って食べたくなる、とってもバスクらしい煮込み料理です。

材料 (2 人分)
ピキージョピーマン (瓶詰め) …4ハイ
バカラオ (戻したもの) …80g
ベシャメルソース (P26参照) …100g
トマトソース (P26参照) …200g
イタリアンパセリ (みじん切り) …お好みで

作り方
1 ベシャメルソースに塩を抜いてほぐしたバカラオを混ぜる。
2 1をピキージョピーマンに詰める。カスエラ(テラコッタ製の小さな皿) にトマトソースをしき、その上にのせる。
3 オーブンでソースがグツグツのアツアツになるまで焼く。お好みでイタリアンパセリをふって仕上げる。

＊バカラオの戻し方
バカラオは、水を張ったバットに入れて、水を変えながら冷蔵庫で24時間程度戻す。

バカラオのコンフィ

Bacalao confitado
●バカラオ・コンフィタード

　乾燥塩ダラ "バカラオ" は、細かくほぐして "クロケッタ (コロッケ)" や、ピキージョピーマンに詰めたりするほか、大きいまま塩を抜いて、メインディッシュの食材としてグリルすることもあります。コンフィというのは低温のオイルでじっくり調理する方法。タラ本来の淡白な味わいに、オイルの旨味が加わって、口のなかで優しくほどけます。

材料 (2、3人分)
バカラオ (フィレのサイズにして塩抜き) …200g
オリーブオイル…適量
ニンニク…1片
ローズマリー…1枝
タマネギ (スライス)
　…½個
オリーブオイル…適量
塩…少々

作り方
1 戻したバカラオを食べやすい大きさに切り、水気をしっかり切って小さいフライパンに入れる。
2 オリーブオイルをひたひたになるまで入れ、約65度程度に温める。
3 2にニンニクとローズマリーを加え、30分ほど煮る。
4 別のフライパンにオリーブオイルをしき、タマネギを濃いきつね色になるまでゆっくりと炒め、甘みを引き出す。塩で調味してタラの上にのせる。

＊バカラオの戻し方
バカラオは、水を張ったバットに入れて、水を変えながら冷蔵庫で24時間程度戻す。

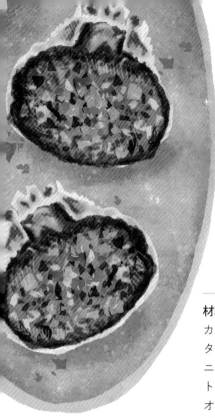

チャングーロのグラタン

Txangurro gratinado
●チャングーロ・グラティナード

　チャングーロとは、カニのこと。カ
ニの身をほぐして、グラタンのように
して甲羅に詰めて焼くのが人気です。
カニの風味が溢れるトロトロの食感は
感動もの。バゲットにつけて食べれば、
ついおかわりがしたくなる逸品です。
生ハムやチャコリの品揃えで人気のバ
ル「CASA GANDARIAS」で素敵な一
皿を見つけてみて。

材料 (直径12センチほどの甲羅2つ分)
カニ (毛ガニ、ズワイガニなどのほぐし身) …150g
タマネギ (みじん切り) …½個
ニンニク (みじん切り) …½片
トマト (みじん切り) …小½個
オリーブオイル…適量
白ワイン…大さじ2
塩…少々
パン粉…適量
バター…ひとかけ
イタリアンパセリ (みじん切り) …お好みで

作り方
1 フライパンにオリーブオイルを熱し、タマネギ、
ニンニク、トマトを炒め、カニを加える。
2 白ワインを加え、塩で調味する。
3 カニの甲羅もしくはカスエロに詰めて、パン粉を
ふり、バターを中央にのせてグリルで10分ほど焼く。
お好みでイタリアンパセリをふって。

バカラオの春巻き

Rollitos de bacalao
● ロジートス・デ・バカラオ

　パクッと口に入れられて軽快な、中華風のおつまみもアイデアとしてピンチョスに採用されています。春巻きはその代表格かもしれません。バカラオの身をほぐして野菜とともに春巻きにすれば、カリッとした口当たりとちょうどよい塩気で、ビールやワインがすすむすすむ。サン・セバスチャンでは、こうした点心風の巻き物も人気のピンチョスです。

材料（2人分）
バカラオ（戻したもの）…100g
タマネギ（スライス）…½個
オリーブオイル…適量
ベシャメルソース（P26参照）…100g
春巻きの皮…4枚
揚げ油…適量
バルサミコ…適量

作り方
1 フライパンにオリーブオイルを熱し、タマネギ、ほぐしたバカラオを炒める。
2 タマネギが透き通るくらいになったらベシャメルソースを加え混ぜ、バットに移して粗熱をとる。
3 2を冷蔵庫で冷やし、春巻きの皮で包み、巻き終わりに薄力粉を水でといたもの（分量外）をつけてとめる。
4 最初は160度で軽く揚げて取り出し、次に180度に上げた揚げ油で2〜3分2度揚げする。バルサミコをふりかけてできあがり。

＊バカラオの戻し方
バカラオは、水を張ったバットに入れて、水を変えながら冷蔵庫で24時間程度戻す。

88

タコのプランチャ

Pulpo a la plancha
⬤ プルポ・ア・ラ・プランチャ

　タコとマッシュポテト（またはゆでたジャガイモ）を組み合わせるのは、巡礼の地サンティアゴ・デ・コンポステラで知られるガリシア地方の料理。ここサン・セバスチャンでも、このバッチリな組み合わせはプランチャ（鉄板焼き）で楽しめます。大人気バル「LA CUCHARA DE SAN TELMO」では足1本がそのままどーんと供されます。

材料（2人分）

マダコの足（ゆで）…2本
オリーブオイル…適量
ジャガイモ…1個
牛乳…50mℓ
バター…大さじ1
塩…適量
パプリカパウダー（スモーク）…適宜
チミチュリソース（P27参照）…適量

作り方

1 フライパンにオリーブオイルを熱し、マダコの足をこんがりと焼く。
2 ゆでたジャガイモを潰し、ゆでた鍋に戻して牛乳を入れ、ヘラで練るように弱火で加熱しながらなめらかにする。
3 2にバターを加えて混ぜ、塩で調味する。皿にマッシュポテトをおき、1のマダコをのせて、パプリカパウダーをふり、チミチュリソースをかけて。

イベリコ豚のグリル

Cerdo ibérico a la plancha
●セルド・イベリコ・ア・ラ・プランチャ

　イベリコ豚は、スペインを代表する黒豚で、どんぐりを食べて育つことで香ばしい香りが肉に移ります。生ハムの最高級品として知られますが、お肉料理にしてもその素晴らしい香りが立ち上ります。オシャレかつカジュアルな人気バル「SHIRIMIRI」では、りんごのソースでいただけます。ちなみにシリミリとは、バスクによく降る霧雨のこと。

材料 (2人分)
イベリコ豚肩ロース肉…100g
オリーブオイル…適量
結晶塩…適量
長ネギ (千切り) …5センチ分
バルサミコ…適量

作り方
1 フライパンにオリーブオイルを熱し、イベリコ豚をこんがりと焼き、結晶塩をふる。
2 長ネギをオリーブオイルで焦がすように焼き、イベリコ豚の上にのせる。バルサミコをかけてできあがり。

ただ、ただ焼いただけなのに、お肉がもともと持っている旨味がこれでもか！　としみ出てきます。イベリコ豚って美味しいものだなぁとしみじみ感じます。

チュレトン(骨つき牛ロースのステーキ)

Chuletón de vaca
◉チュレトン・デ・バカ

　サン・セバスチャンは海沿いの街ですが、みんなお肉も大好き。特に、じっくりと熟成を効かせた、大人の牛のお肉、つまり、お肉も脂身もしっかりとした味のものが好まれるようです。メニューが4つしかない潔さで知られるバル「NESTOR」で、食べたいお肉のサイズを伝えて、好きなサイズでドカンと焼いてもらいましょう。

材料 (2人分)

牛ステーキ肉 (熟成肉) …200g
オリーブオイル…適量
結晶塩…適量

作り方

1 熱く熱したフライパンにオリーブオイルを入れ、常温に戻した牛ステーキ肉を焼く。
2 あまり動かさないようにして両面を焼き、結晶塩をかけてできあがり。

> 脂の部分が少し黄色みがかっているのが大人の牛のお肉の特徴。そこをじ〜っくりかんでいると、旨味がいつまでも溢れます。

ココチャのピルピル

Kokotxas al Pil-Pil
●ココチャス・アル・ピルピル

　"ココチャ"。これは非常〜にサン・セバスチャンらしい食材と言える
でしょう。初めて聞く人にとっては、一体肉なのか魚なのか、野菜なのか
も想像できないかもしれません。これは、タラやメルルーサの顎の部分な
のです。魚の顎？　というと、なぜそんな部分を食べるの？　と不思議にな
ってしまいますが、これが美味しい！　トロトロとコラーゲン質でできて
いて、ピルピルという、これもサン・セバスチャンらしい調理方法でいた
だくことが多いようです。

　ピルピルというのは、オリーブオイルで煮込んでいるときの、油がはね
る音をそのまま料理の名前にしたもの。乳化してトロリとしたソースに絡
むプリプリのココチャの魅惑……それはもう頬が落ちそうな感動です。

材料 (2人分)

ココチャ…160g

オリーブオイル…1カップ

ニンニク…1片

ローズマリー…1枝

白ワイン…大さじ2

塩…適宜

パセリ (みじん切り) …大さじ2

作り方

1 鍋にオリーブオイルとニンニク、ローズマリーを
入れ、温める。バカラオのコンフィ (P86) で使っ
た残りのオイルを使ってもよい。

2 オイルを約65度くらいに保ち、そこにココチャ
を入れて優しく火を通す。

3 ココチャから汁が出てきたら白ワインを入れて、
オイルと白ワインが乳化するように鍋を大きく回す。

4 塩加減をみて皿に盛りつけ、パセリをふってでき
あがり。

おすすめワイン

エキリブリ (白ワイン)
Equilibri

ワイナリー名：デスクレグッド
ブドウ品種：チャレッロ100％
原産地呼称：D.O.ペネデス
希望小売価格3,900円(税別)

←深いイエローカラー、熟れた黄色い果実やお花のアロ
マに、蜂蜜やトーストの香りも感じられるしっかりと厚
みある味わいです。とろりとしたココチャのピルピルに
よく馴染んでくれます。

ナミダ豆のグリル

Guisantes de lagrima
●ギサンテス・デ・ラグリマ

　春から初夏のごく短い間しか食べられない、サン・セバスチャン近郊で収穫されるナミダ豆、別名、緑のキャビア！　薄い皮がプチプチと口のなかで弾けて、瑞々しい青い風味が広がります。これに出会えたらラッキーな超希少食材です。バル「CASA UROLA」では、一口サイズで食べられるチャンスがあるかもしれません。

材料（2人分）

ナミダ豆…100g
塩…少々
オリーブオイル…大さじ2
温泉卵…2個
生ハム…適宜

作り方

1 塩とオリーブオイルで和えたナミダ豆を、金属製の網に入れる。
2 炭火またはガス直火の上で、フライパンで炒めるようにして網を降って火を通す。
3 器に盛りつけ、温泉卵を落とし、生ハムを添える。

> スナップエンドウの若いものが手に入ったら、さやから外して同じように調理できます。もちろんさやも食べてね。

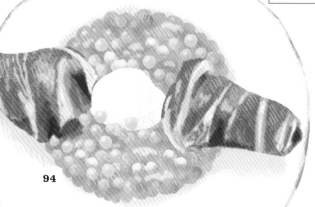

ホワイトアスパラガス

Espárragos blancos
● エスパラゴス・ブランコス

前述のナミダ豆と同じような季節に食べられる、こちらも貴重なお野菜、ホワイトアスパラガス。ナバラ州産の最高級品は、"ナバラのビーナス"と呼ばれ、とろけるような口どけとほかにはない風味に溢れています。スーパーでは瓶詰めが並びますが、できれば旬のものを、旬の時期に、現地でいただいて欲しい！

材料（2人分）
ホワイトアスパラガス…4本
塩…少々
レモン汁…½個分
ヴィナグレッタソース（P27参照）
　…適量

作り方
1 ホワイトアスパラガスの穂先の部分以外の皮をピーラーで剥き、皮も一緒に塩、レモン汁を入れてゆでる。
2 5分ほどでゆであがったら、湯につけたまま常温になるまで冷ます。
3 食べやすい大きさに切り、ヴィナグレッタソースをかける。

これ、生のホワイトアスパラガスで作ってみると、その別格の美味しさに感動します。ゆでたあとに、耐熱皿に入れてバターを落とし、ゆっくりグリルするのも絶品です。

バスクとジャパニーズ、食の融合！

　サン・セバスチャンのレストランやバルと日本の居酒屋にはたくさん共通項があると思うのです。小さいお皿でたくさんの種類のおつまみを一度に楽しめるところや、個人個人が好きなお酒を好きなように嗜むところとか。たくさん食べたいときや友達とシェアするときは大きなお皿を囲んでワイワイと、小皿からちびちびとつまみながら一人でしっぽりとやるのもまたOK。入り口で軽く一杯だけで立ち去るもよし、じっくり腰を落ち着けて本格的な料理に舌鼓を打つもよし。やっぱり似ていますよね？

　そんな便利で気軽な使い方ができる理想的なレストランがサン・セバスチャンにあります。「Restaurante AKARI（アカリ）」です。かつてコンチャ湾の西側にある小さなバル街で人気を博していたレストラン「Txubillo（チュビージョ）」が、旧市街を南に10分ほど下りたところにある、Euskotren（バスク鉄道）のAmara-Donostia駅のほど近くに新装オープンしました。

　シェフ苅部仁さんとあかりさんご夫妻の経営する「アカリ」では、前述のようにさまざまな使い方ができるだけでなく、バスク料理に日本のテイストをプラスしたフュージョンが楽しめます。海と山の両方の恵みに溢れた現地の新鮮な食材を駆使して、サラダ、タタキ、寿司など、お馴染みの料理スタイルがサン・セバスチャンらしく生まれ変わった料理の数々に感動します。ピンチョスやお料理に合うワインの品揃えも圧巻です。

　まずは、入り口のカウンターであかりさんとおしゃべりしながら一杯。そのあと、ゆっくりご飯の相談をしてみては？　大満足の一晩を過ごせること間違いなしです。

Restaurante AKARI Vasco Japones
Amara Kalea,14,local B, 20006 Donostia, Gipuzkoa

バスクのスイーツ

この地域のお菓子には素朴なものが多いイメージがあります。
シンプルだからこそ、素材の味が美味しい、どこか懐かしいようなお味。
私はバスクのスイーツはお酒に合うものが多いと感じますが、
街のそこかしこで気軽にお酒が手に入る環境がそうさせたのかも、
と想像します。

パステル・バスコ

Pastel vasco
●パステル・バスコ

　"ガトーバスク"という呼び方のほうが一般的ではありますが、これはフランス風。スペイン側のバスクでは"パステル・バスコ"といいます。そのまんまバスクのケーキ、という意味。生地にアーモンドの粉が入っているのが特徴で、なかにカスタードクリームまたはジャムを入れます。

材料 (直径7、8cmの円形の型6個分)

A | 薄力粉…100g
　 | ベーキングパウダー…小さじ¼
　 | アーモンドプードル…30g
　 | 塩…ひとつまみ
無塩バター…50g
グラニュー糖…70g
卵黄…1個
カスタードクリーム(P27参照)…適量

作り方

1 オーブンを200度に予熱しておく。型にオーブンシートなどを敷いておく。Aは合わせてふるいにかけておく。

2 室温の無塩バターをボウルに入れ、泡立て器でなめらかになるまで混ぜ、グラニュー糖を加えて白っぽくなるまで混ぜ合わせる。

3 卵黄を入れてよく混ぜ、ふるいにかけたAを入れて、さっくりと混ぜ合わせ、絞り出し袋に入れる。

4 型に1cmほどの高さに生地を絞り出し、真ん中にカスタードクリームをのせ、その上にふたをするようにもう一度生地を絞り出す。

5 手を水で濡らして表面を平らにし、卵黄(分量別)を塗り、フォークで表面に模様をつける。180度のオーブンで40～50分ほど焼く。

パンチネータ

Pantxineta
●パンチネータ

　パンチネータは、パイのお菓子。サクサクとしたシュークリームのような感じです。上にスライスアーモンドや粉糖をかけた、可愛らしい見た目の郷土菓子です。サン・セバスチャンの老舗お菓子屋さん「OTAEGUI」が発祥とされ、そこではクラッシュアーモンドがのせられています。

材料（4人分）
冷凍パイシート（100g）…2枚
カスタードクリーム（P27参照）
　…200g
卵黄…½個分
アーモンド（粗めの角切り）
　…20粒分
粉糖…適量

作り方
1 オーブンを200℃に予熱しておく。
2 冷蔵解凍した冷凍パイシートをめん棒で伸ばし、直径12、3センチくらいの丸型8枚をくり抜く。
3 オーブンシートを敷いた天板に間隔を開けて4枚置き、真ん中にカスタードクリームをのせる。
4 残りのパイシートでふたをするようにのせてまわりを軽く押さえ、卵黄を刷毛で塗り、角切りのアーモンドをのせる。
5 200℃のオーブンで15分ほど焼く。焼きあがったら粉糖をふりかけてできあがり。

トリッハ
Trrija
●トリッハ

　トリッハは、バスク版のフレンチトーストのようなお菓子。違いは、表面を卵でこんがりと焼いてカリッとさせてあるところ。バニラやシナモンのアイスクリームを添えて食べるのが定番です。バスクではトリッハ専用のパンを焼くほどの思い入れがあるお菓子のようで、最近ではチョコレート風味や抹茶風味なども登場してきています。

材料（4人分）
フランスパン…2センチの厚さの
　　スライス8枚
牛乳…300cc
グラニュー糖…50g
シナモンスティック…1本
（またはシナモンパウダー小さじ1）
卵…3個
オリーブオイル…適宜

作り方
1 バットに牛乳を入れ、グラニュー糖とシナモンを加え、フランスパンを漬け込む。

 さっぱり派なら5分ほど、濃厚派ならひと晩冷蔵庫で漬け込みましょう。

2 フライパンにオリーブオイルを熱し、ボウルにといた卵液にくぐらせたパンを、両面がこんがりするまで焼く。

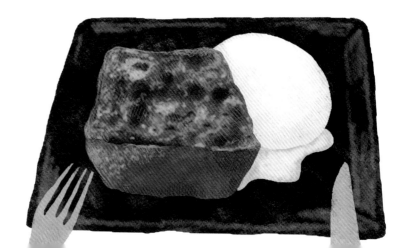

バスクチーズケーキ

Tarta de queso
● タルタ・デ・ケソ

　これこそ、みんなが大好きバスクチーズケーキ、通称バスチーです。このチーズケーキの特徴は、何と言っても、黒くこんがりと焼けたケーキ表面のインパクトと、その黒さからは想像できない口どけではないでしょうか。小麦粉を最小限に抑えて焼き上げたこのケーキは、チーズと卵、生クリームの風味で溢れています。コーヒーや紅茶に合うだけでなく、ワインやコニャック、ウイスキーなどとの相性が抜群なのも特徴のひとつ。お酒を愛する私は、毎回必ずスパークリングワインと合わせて楽しんでいます。

▶ **おすすめワイン** ◀
メモリア・ブルット・ナトゥーレ・グラン・レセルバ 2012 (スパークリングワイン)
Memória Brut Nature Gran Reserva
ワイナリー名：デスクレグット
ブドウ品種：チャレッロ 60％、マカベオ 40％
原産地呼称：D.O.カバ
希望小売価格 3,600円 (税別)

←瓶内熟成70ヵ月以上のこのスパークリングワインは、熟したりんご、ドライフルーツやナッツを感じさせる味わいで、言うなればクリーミー。さらに、シェリーを感じる熟成感は、もうデザートワインの仲間入りとも言える仕上がりです。これでバスクチーズケーキをいただけば、フォークが止まりません。

バスク
チーズケーキの
作り方

「ランブロア」
直伝!

今でこそ日本でも人気を博しているバスクチーズケーキ。実は、サン・セバスチャンにあるたった1軒のバル「LA VIÑA」こそが、バスクチーズケーキ発祥の店。大きくスライスした2枚をお皿にのせてくれます。なかはしっとりと、表面に香ばしい焼き目をつけて仕上げる方法を、「ランブロア」の磯部シェフに教えてもらいました。

材料（18cmのケーキ型1台）
クリームチーズ…600g
グラニュー糖…180g
全卵…5個
生クリーム（42%）…400㎖
薄力粉…大さじ2
バター（常温）…適量

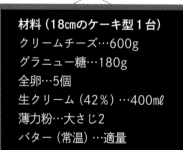

作り方

① 型に紙を敷く

約30×40cmに切ったオーブンシートを2枚用意する。型にバターを塗り、オーブンシートを十字に敷き込み、型より高さが出るようにする。

② クリームチーズと グラニュー糖を練る

常温に戻したクリームチーズをフードプロセッサでなめらかになるまで撹拌し、グラニュー糖を加え、グラニュー糖の粒が完全に溶けるまでさらに撹拌する。

POINT▶ ここで完全にグラニュー糖を溶かしてなめらかに

③ 卵→生クリームの順に攪拌する

卵を入れて攪拌し、途中、底をこそげるようにしながら何度か攪拌する。完全に卵が馴染んでから生クリームを入れて攪拌する。

④ 薄力粉を入れる

薄力粉を加えたら、10回くらいスイッチを押して軽く攪拌する。

POINT▶薄力粉を加えてからはあまり混ぜない

⑤ 型に流して焼く

生地を①の型に流す。型の高さくらいまでたっぷり入れる。200℃のオーブンで45分焼く。表面が香ばしく色づいたら150℃に下げてさらに5分焼く。

POINT▶最後に温度を下げて内部まで火を入れる

⑥ 焼き上がり

ケーキの縁が黒っぽくなり、中央がきつね色になったら焼き上がり。型のまま冷まし、粗熱を取る。粗熱が取れたら型から外して冷蔵庫で冷やす。

POINT▶型崩れしてしまうので、必ず冷えてからナイフを入れる

サン・セバスチャンから
近郊の街へ小旅行

ビルバオの市内を流れるネルビオン川。
グッゲンハイム美術館の近くから撮影。

食後にのんびり過ごすお父さんたち。

サン・セバスチャンを起点にして、近郊の街へデイ・トリップに出ることができます。オンダリビアやサン・ジャン・ド・リュズ、ビルバオなどには宿泊施設が多数あるので、1泊で出かけるのもおすすめです。路線バスや電車、タクシー、レンタカーなどでアクセスできて、サン・セバスチャンとはまた違う風情を楽しめるのが小旅行の醍醐味。それでも、美味しいお酒とピンチョスが楽しめるのは同じです。自分の好みの街で好みのバルを探しに出かけるのもよいですね。

ゲタリアへ向う途中、どこかの素敵カップル。

サン・ファン・デ・ガステルガチェの近く。

サン・ファン・デ・ガステルガチェ
San Juan de Gaztelugatxe

　天気がいい日なら、ぜひこの海の絶景を眺めることができる城塞のような場所へ繰り出してみませんか？　ビルバオからタクシーかバスで40分ほど、サン・セバスチャンからだと……現地のお友達と車で出かけるのが最適ですが、レンタカーを借りてみるのもひとつの手です。

　ここは、海に向かって突き出した岩山。頂上までうねりながら石の階段や石橋が続いています。波に侵食された奇岩や真っ青に広がる海を眺めつつ、240段ほどの階段をゆっくりと登っていった先に教会があります。そこの鐘を3回鳴らすと願いが叶うと言われているパワースポット。ハァハァと息を切らして登った甲斐がある、本当に美しい風景に息を呑みます。

　駐車場から石段に辿り着くまでには2通りの行き方があり、40分ほどかけてなだらかな道を行くか、体力にモノを言わせて20分で行ける山道を行くか……。どちらにせよ、ここに来るならきちんとした靴は用意したいところ。パワースポットから駐車場に戻ってくれば、目の前にバル「ENEPERI（エネペリ）」がありますから、山登りのご褒美に一杯、満喫して帰りましょう。あ、運転する人にはシュワシュワの炭酸水にレモンを入れてもらってはいかがでしょうか。

ハァ
ため息が
でちゃう…

ぜ、絶品！

サン・ジャン・ド・リュズ
San-Jean-de-Luz

　ここはフランスバスク。サン・セバスチャンのバスターミナルから45分程度。ほんの少し移動しただけなのに、もう人々が当たり前のようにフランス語を話している、なのに、バスク語で挨拶すると、ニコッとバスク語で返してくれるところは、スペインバスクと同じです。

　この街は、リゾート地としても知られる場所。白い壁に赤い窓枠が印象的な街中には、小さなホステルやレストラン、雑貨屋さんがたくさんあって、家族連れやカップル、友達同士が海と食を楽しんでいるのがよくわかります。多くが、ここが産地の布製の靴「エスパドリーユ」を履いてバカンス気分を堪能しています。

　この街では私は、どうしても貝類を食べたくなります。特に牡蠣！　この地方で獲れる牡蠣「Gillardeau（ジラルドー）」は、かつて日本の三陸から取り寄せた稚貝を元にして育ったもの。東日本大震災のときには、ここからお返しに稚貝が送られたというから、牡蠣がつなぐ縁のようなものを感じます。この生牡蠣の美味しさは……どう表現したらいいのかしら、クリーミーなのにしつこさがなく、不思議にサクサクとした食感……！

　気がつくと1ダースくらいペロッと食べてしまうので驚きます。大切にブランド化されているので、殻には「G」の刻印が。貝柱を外さずに、このブランド牡蠣だという証拠を残すようにして供されます。牡蠣をいただくならカフェ「Le SWISS（ル・スイス）」で。牡蠣以外にも、ムール貝やアサリ、マテ貝の料理がレストランで多く登場するので、いろいろ堪能したいなら、バスク語で「漁師たち」という意味を持つ川沿いのレストラン「ARRANTZALEAK（アランツァレアク）」で。2軒はしごできたら完璧です。

　あ、サン・セバスチャンからお出かけのときはパスポートを忘れずに！

オンダリビア
Hondarribia

　このフランスとの国境にほど近い街は、サン・セバスチャンから東へ20キロ、路線バスで30分ほどのところにあります。可愛らしい船が停泊するビダソア川から眺める対岸はフランスです。カラフルな街並みは、もともとは漁師たちの家々。ただゆっくりと散策するだけでその風情にうっとりしてしまいます。

　旧市街の一番の高台には、神聖ローマ帝国皇帝カルロス5世の城跡があり、現在はスペインの国営ホテルチェーン、パラドールとして使われています。パラドールはスペイン各地に点在していて、その街の歴史的建造物に泊まれる、歴史ファンにはたまらない存在。このパラドールの西側の外壁は16世紀のもの。ここに残る無数の砲弾の跡や、石造りの高い天井、崩れたままの壁がそのまま使われている朝食のパティオなど、中世にタイムスリップしたかのような錯覚に陥ります。

　通常、パラドールではその土地の郷土料理を提供するレストランを併設していますが、オンダリビアのパラドールにレストランはありません。ここではぜひ街に出て、小さなレストランやバルのお料理を堪能してほしいところ。オリジナリティ溢れるピンチョスのラインナップや、リーズナブルにいただけるおつまみ、星付きレストランの工夫を凝らした独創的なメニューな

どを満喫しましょう。パラドールの裏道にある「GASTROTEKA DANONTZAT（ガストロテカ・ダノンチャット）」ではぜひ店主のおすすめにチャレンジを。旧市街の丘を降り、雑貨店などを覗きながら賑やかな通りを行った先にあるバル「GRAN SOL（グラン・ソル）」もおすすめです。

ゲタリア
Getaria

　ゲタリアは、サン・セバスチャンから路線バスで40〜50分くらいで行ける小さな港町。世界周航を成し遂げたフアン・セバスティアン・エルカノの出身地として知られています。彼の銅像は、サン・セバスチャンに戻るバス停のほど近くに佇んでいます。高級な魚料理の店「ELKANO（エルカノ）」は彼の名にちなんで。

　この街で食事をするなら、なんと言っても魚の炭火焼き。炭火の上でじっくりと焼き上げたあと、ニンニクの効いたバターのソースをかけて食べるのがゲタリア風。どの店でも、炭火焼の専門の職人が、伝統の手法で美味しく焼き上げてくれます。他にも、アンチョア（カタクチイワシ）は毎年5月の初めにアンチョア祭りが開かれるほど人気の食材。同じくここで生産されている原産地呼称つきチャコリと合わせて、香ばしい魚介の魅力を頬張って！　ちなみに私は、この街では必ずカンタブリア海産のアンチョビをいただきます。アンチョビは、シンプルにオリーブオイルをかけてバゲットにのせるだけ。この旨味と白ワインがあれば、もう何も言うことはありません。また、季節が合えばアサリもぜひ食べたい食材。大きなアサリを、半分火が通ったくらいの塩梅で焼き上げてくれます。これも、ジュースがほとばしって、

舌の上でとろける味わい。今まで知らなかったアサリの美味しさに出会えます。魚がたっぷりのスープや、絶妙な火加減の魚介類を味わうなら、ちょっと高級なレストラン「KAIA KAIPE（カイア・カイペ）」が素敵ですよ。

ああもう…！旨みの
パワーに圧倒されそう。

サン・セバスチャンから
近郊の街へ小旅行

ビルバオ
Bilbao

　ビルバオは、バスクの玄関口になっているバスク最大の都市。マドリッドやヨーロッパ各地の街からのフライトもここに到着します。空港から市街地まではバスで20分程度です。サン・セバスチャンのバスターミナルからビルバオのバスターミナルまでは定期便が出ていて、1時間20分ほど。

　ビルバオの街の特徴は、アートと食の融合でしょうか。お花でできた大きな犬が目印のグッゲンハイム美術館で現代美術を堪能し、豊かなネルビオン川の周辺を散策、モダンな建築物を眺めながら歩いてみましょう。バスク産の雑貨を探してショッピングに興じるのもよし、地元の食材の瓶詰めや缶詰めをお土産に選びつつ歩くのもまた楽しい時間です。ここは大きな街なので、滞在時間にもよりますが、メトロやトラムを使いながら上手に移動したほうがいいかも。

　そしてこの街でも、バル街を楽しまない手はありません。旧市街に広がるバル群は、さながらサン・セバスチャンを思わせる賑わい。街中に星つきレストランがいくつもあり、なかにはお手軽なコースやテイスティングメニューを用意しているところも。さらに、タクシーで郊外のレストランに足をのばせば、忘れられない食の体験ができること間違いなしです。「AZURMENDI（アスルメンディ）」や「ASADOR ETXEBARRI（アサドール・エチェバリ）」などは超人気店なので予約必須です。

さて、わーっと、サン・セバスチャンの代表的なピンチョスを、イラストと簡単なレシピで紹介してまいりました。旅行ガイドブックなら、バルの営業時間や詳細な地図、ピンチョスのお値段などもっともっと紹介しなくてはならないのでしょうが、この本は、ピンチョスの雰囲気を、ただただ楽しんでいただけたらなという思いで作りました。「こうでなきゃいけないなんてない」のがバルの流儀。

　この「行ったつもりのバスク料理」で、行ってみたい、作ってみたい、食べてみたい、飲んでみたい気持ちが上がってくれたら嬉しいです。私はこれからもずっと、サン・セバスチャンを訪れ続ける予感がします。コンチャ湾を裸足で散歩して（トップレスのお姉さん、おばさま、たまにはおばあちゃまも……をチラチラ見ながらドキドキして）、ビーサンのままバルに直行、スカッと美味しい白をあおって、ピンチョスに目配せ。そう、あの空気を吸いに。

おわりに

　この本の制作にあたり、可愛らしいイラストを丁寧に描いてくれた中村メグミさん、レシピ監修に協力くださった「ランブロア」の磯部美木子シェフとソムリエの北澤信子さんに感謝いたします、本当にありがとう！　サン・セバスチャンでは有名な激ウマレストラン「AKARI（アカリ）」を営む苅部仁さんとあかりさんにも感謝。苅部さんたちには、いつも美食倶楽部「AMAIKAK-BAT」でも歓待していただいています、ありがとう！　そして美味しいピンチョスにぴったりのワインをご紹介くださったSEIKOSHAの原田政彦さんにも、一冊にまとめるにあたり甚大なご協力をいただきました食いしん坊デザイナーの冨澤重子さんにも、心より感謝申し上げます。最後に、ブックマン社編集長小宮亜里さんに、特大のありがとうを。今度一緒に行こう！

　食はバスクにあり！　Eskerrik asko（ありがとう）！！

黒澤麻子
フリーランスの編集者、ライター、イラストレーター。
料理ページをメインに、医療系、エンタメ系書籍、PR誌の編集も多く手がける。
趣味は旅行と食べ飲み歩きと映画。大好物は寿司とピンチョスと酒。
こよなく愛し、定点観測している街はロンドンとサン・セバスチャンと高円寺。
尊敬するアーティストは坂本龍一とマキタスポーツ。

中村メグミ
イラストレーター。
デザインクリエイティブオフィス「ファーニーマートカフェ」代表。
Design is Happy!! をコンセプトに、カフェ、スイーツ、旅行、映画、
ファッション、コスメ、自然の事象など、ジャンルにとらわれず
自分自身が漠然と感じたイメージを、色や形に置き換えて表現している。

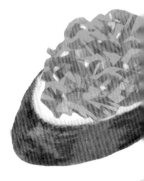

行ったつもりのバスク料理

2020年10月8日　初版第1刷発行

著　者　　　黒澤麻子

料理監修　　磯部美木子（ランブロア）
ワイン監修　北澤信子（ランブロア）
　　　　　　原田政彦（株式会社正光社／SEIKOSHA Co.,LTD.）
　　　　　　http://www.sunseikowines.com
ブックデザイン　冨澤重子（太田デザイン事務所）
マップ　　　宮下真一（太田デザイン事務所）
イラスト　　中村メグミ（ファニーマートカフェ）
線画イラスト　黒澤麻子
編　集　　　小宮亜里　黒澤麻子
営　業　　　石川達也

発行者　　　田中幹男
発行所　　　株式会社ブックマン社
　　　　　　〒101-0065 千代田区西神田3-3-5
　　　　　　TEL 03-3237-7777　FAX 03-5226-9599
　　　　　　http://www.bookman.co.jp
ISBN 978-4-89308-935-9
印刷・製本：図書印刷株式会社